Frauensprache – Männersprache

Katrin Oppermann
Erika Weber

Frauensprache – Männersprache

Katrin Oppermann

Erika Weber

Die verschiedenen Kommunikationsstile von Männern und Frauen

mvg

Die Deutsche Bibliothek – CIP-Einheitsaufnahme

Oppermann, Katrin:
Frauensprache – Männersprache : die verschiedenen Kommunikationsstile von Männern und Frauen / Katrin Oppermann ; Erika Weber. – Landsberg am Lech : mvg-verl., 1997
(Business-Training ; 1200)
ISBN 3-478-81200-3

Umschlaggestaltung: Gruber & König, Augsburg
Druck- und Bindearbeiten: Ebner Ulm
Printed in Germany 081200/897402
ISBN 3-478-81200-3

Inhalt

TEIL I
Sprechen Frauen eine andere Sprache als Männer? 9

Einleitung 10

Was unterscheidet einen Mann von einer Frau? 10

Grundlagen 13

Ohne Änderung des Kommunikationsstils
ist Frauenförderung nicht möglich! 13

Gibt es eine «Frauensprache» und eine «Männersprache»? 16

Männer und Frauen leben in verschiedenen «Sprachwelten» 19

Frauen haben ein feines Ohr für Beziehungen 22

Frauen haben ein gutes Gespür für indirekte Botschaften 28

Auch Männer haben ein «Beziehungsohr» 34

Statusorientierung fördert Konkurrenz 36

Was sagt der andere mit seiner Äußerung über sich selbst? 42

Einfluss ist besser als Macht 43

Konflikte und deren Bewältigung 47

Mobbing: ein Frauenproblem? 47

Männer gehen Konflikte anders an als Frauen 48

Die autoritäre Führungsmethode 54

Konfliktbewältigung in Betrieben 55

Die permissive Führungsmethode 58

Das Denken in Sieger-Verlierer-Kategorien 59

Die Win-Win-Methode 63

Das Prinzip «Ich gewinne – du verlierst» führt auf die Dauer nicht zum Erfolg ... 65

Frauen bewältigen Konflikte anders als Männer ... 69

Männer denken in Lösungen ... 74

Klare Kommunikation ... 80

«Sag doch, was du willst!« ... 80

Frauen sprechen eine persönlichere Sprache ... 82

Test: Was bedeutet selbstbewußtes Auftreten für Sie? ... 83

Ich denke, ich glaube, ich meine...? ... 84

Grundsätze für das Kritikgespräch ... 88

Exkurs: Frauen im Verkauf/Außendienst ... 92

Exkurs: Die Bewertungskriterien von Assessment Centers sind immer noch zu männlich orientiert ... 94

Ohne Worte ... 97

Die Rätsel der nonverbalen Kommunikation ... 97

Zuhören ist eine Kunst ... 100
Aktives Zuhören ... 105
Aufmerksamkeitsreaktionen ... 110
Geschlechtsspezifische Unterschiede beim aktiven Zuhören ... 113

Gefühle ... 118

Im Berufsleben ist das Zeigen von Gefühlen häufig verpönt ... 118

Einfühlungsvermögen ist wichtig ... 122

Motivation ... 125

Wie motiviere ich meine Mitarbeiterinnen und Mitarbeiter? ... 125
Die Maslowsche Bedürfnispyramide ... 128
Der Wertewandel in unserer Gesellschaft ... 129

Zusammenarbeit 134

Modernes ganzheitliches und partizipierendes Management 134

Ganzheitliches Denken und Handeln 137

Teamarbeit 138
Teamarbeit und Innovation 138
Selbstwertgefühl 139
Ohne Gleichwertigkeit der Mitglieder ist Teamarbeit nicht möglich 143
Phasen der Teamentwicklung 146
Frauen können im Team eine wichtige Rolle spielen 147
Überlegenheitsgefühl verhindert Innovation 149

TEIL II
Rhetorik für Frauen 153

Rhetorik für Frauen – wozu? 154

Test: Welche Rednerinnen und Redner gefallen Ihnen? 156

Wie gehe ich mit Lampenfieber um? 157

Selbsterfüllende Prophezeiungen 160

Was man bei Reden vor Publikum beachten muß 161
Die richtige Haltung ist wichtig! 161
Ohne Blickkontakt geht es nicht 162
Ausatmen nicht vergessen! 162
Die Selbstwahrnehmung ist kritischer als die Fremdwahrnehmung 163

Wie nimmt Ihr Publikum Sie wahr? 164

Test: Wie entsteht Sympathie bei Ihnen? 168

Machen Sie Ihrem Publikum das Zuhören einfach! 170

Frei formulieren, nicht ablesen 171

In welchem Stil sollte Ihre Rede gehalten sein? 172

Atmung und Artikulation 173

Dialekt – ja oder nein? 175

Der rote Faden – wie baut man eine Rede auf? 176
Die Einleitung 176
Der Schluß 178
Der Hauptteil 179

Das «Fünfsatzschema» 180

Wie gehe ich mit Einwänden um? 182

So steuert man einen Kompromiß an 184

Wie bereite ich meine Rede vor? 186

Der Stichwortzettel 188

Stimmübungen 190

Wie gehe ich mit Unterbrechungen, Zwischenrufen und -fragen um? . . 193

Punkt setzen und Adjektive verwenden! 195

Literatur 198

TEIL I SPRECHEN FRAUEN EINE ANDERE SPRACHE ALS MÄNNER?

Einleitung

Was unterscheidet einen Mann von einer Frau?

Das Geschlecht, die Kleidung, die Haltung, die Bewegung, der Gang, die Stimme – und wie ist es mit der Sprache?

Männer und Frauen sind nicht nur anders, sie sprechen und hören auch anders.

Was in manchen Situationen, vor allem privaten, spannend, faszinierend und aufregend sein kann, ist für den beruflichen Alltag oft quälend, hemmend und demotivierend.

«Warum», fragt sich die männliche Führungskraft, «ist die Mitarbeiterin heute so vorsichtig? Gestern noch sagte sie deutlich und direkt ihre Meinung.» Der Chef hatte seine Kritik von heute morgen wegen der Unterlagen, die nicht da waren, wo sie sein sollten, schon ganz vergessen. Zwar war er rüde im Ton geworden, aber gemeint hatte er es nicht so. Das sollte ja nun kein Problem sein.

Für ihn war es tatsächlich keines, für seine Mitarbeiterin allerdings schon.

Männern kommt es mehr auf Informationsvermittlung an – für Frauen ist die Beziehung zu ihrem Gesprächspartner wichtiger.

Wüßte er, daß hinter ihrer Kommunikation neben der Informationsvermittlung auch der Austausch von Bindung und Nähe steckt, während bei ihm die Offenbarung «bloßer» Information im Vordergrund steht, würde er verstehen, daß diese Nähe ins Wanken geraten war. Deshalb wurde sie vorsichtiger. Frauen hören in der Regel auf folgendes: Wie steht er zu mir, wie ist sein persönliches Verhältnis zu mir? Somit kann Kritik, die in heftigem Ton ausgeteilt wird, sie stärker oder dauerhafter verletzen.

Während Männer nach einer Auseinandersetzung wieder zur Tagesordnung übergehen können, fällt dies Frauen sehr schwer. Durch einen Konflikt oder eine Auseinandersetzung ist für sie die Beziehung aus den Fugen geraten. Und es braucht Zeit, bis in dieser Hinsicht die Balance wiederhergestellt ist.

Oder stellen wir uns folgende Situation vor: Ein Mann und eine Frau arbeiten zusammen in einem Team. Die Aufgabe, die dem Team zugeteilt worden ist, ist nicht einfach zu bewerkstelligen. Es gab Kritik an ihrer Arbeit; der Vorgesetzte hatte einiges auszusetzen. Während das bei der Mitarbeiterin Unsicherheit hervorruft, scheint die Kritik am Kollegen spurlos vorüberzugehen. Ja, noch mehr, er legt offensichtlich eine «Jetzt-erst-recht-Haltung» an den Tag.

Frauen lassen sich durch Kritik leichter verunsichern.

Deutlich wird diese, indem er nicht die eigene Arbeit überdenkt, sondern den Vorgesetzten kritisiert. Gerne würde die Kollegin sich ihm anvertrauen, sich mit ihm über ihre Wahrnehmungen und Emotionen austauschen. Tastversuche in diese Richtung allerdings schlagen völlig fehl. «Sei doch nicht so empfindlich, nimm es nicht persönlich, der kann das doch gar nicht beurteilen!» So ist die Reaktion des Kollegen. Die Folge davon ist, daß die Mitarbeiterin anfängt, noch mehr an sich zu zweifeln. Jetzt fragt sie sich nicht nur, ob sie überhaupt in der Lage ist, die ihr aufgetragenen Aufgaben zu bewerkstelligen, sondern auch, ob sie die Dinge vielleicht falsch wahrgenommen hat. Die Verunsicherung ist perfekt.

Dieses Buch will einen Einblick in die verschiedenen Sprachwelten von Mann und Frau geben und Licht in das Dunkel der Kommunikationsprobleme bringen. Die Erfahrungen haben gezeigt, daß das kompromißlose Nebeneinander von Männer- und Frauensprache – beziehungsweise die Akzeptanz der Männersprache auf Kosten der Frauensprache – keine Basis für ein produktives Miteinander sind.

Dabei dürfen wir aber eines nicht vergessen: Wir Menschen sind alle einzigartige Individuen. Und was für den einen oder die eine hundertprozentig zutrifft, muß für den anderen oder die andere nicht im gleichen Maß gelten. Wir schreiben in diesem Buch allerdings in einer verallgemeinernden Form, um Unterschiede zwischen Mann und Frau deutlicher darzustellen, obwohl wir uns der individuellen Verschiedenheiten bewußt sind.

Grundlagen

Ohne Änderung des Kommunikationsstils ist Frauenförderung nicht möglich!

In Unternehmen, in denen Frauenförderung großgeschrieben wird und die ihren Anteil an Mitarbeiterinnen erhöhen wollen, reicht es nicht aus, akzeptablere Rahmenbedingungen zu schaffen, wie beispielsweise die Bevorzugung von Frauen bei gleicher Qualifikation oder flexiblere Arbeitszeiten. Der Kommunikationsstil muß sich grundlegend ändern; der Kommunikationsstil von Frauen muß als gleichwertig anerkannt werden.

Ohne Kenntnis der jeweiligen Kommunikationsabsichten entstehen Mißverständnisse und Reibungsverluste, gegenseitiges Unverständnis. Die Folge ist Demotivation, und zwar vor allem bei den Mitarbeiterinnen.

Für Männer zählen in erster Linie Fakten, Zahlen und Resultate. Für Frauen ist das angenehme Gesprächsklima wichtiger.

Wenn der Verkaufsleiter fragt, wie denn die Verkaufsgespräche verlaufen seien, erwartet er in der Regel Verkaufszahlen und Umsatzergebnisse. Schildert ihm die Mitarbeiterin allerdings in erster Linie den angenehmen Verlauf des Gesprächs, den positiven Gesamteindruck des Gesprächsverlaufs, ist er meistens verblüfft, erstaunt oder sogar verärgert. Er selbst würde mit großer Sicherheit erst einmal das Ergebnis auf den Tisch legen, die Verkaufszahlen. Begreift er jedoch, daß Frauen den Weg, die Art und Weise, wie sie zum Ergebnis kommen, ebenso wichtig nehmen wie das Ergebnis selbst, dann kann der Verkaufsleiter das ohne Erstaunen, Ungeduld oder Verärgerung akzeptieren. Das natürlich nur, wenn auch das Ergebnis stimmt.

Führungskräfte einer Versicherung, mit denen ich ein Seminar zum Thema «Frauen sprechen anders» durchgeführt habe, konnten mit der Art von Frauen, vor allem, wie sie in Meetings ihre Verkaufsgespräche schilderten, erst einmal gar nicht umgehen. Sie verstanden nicht, weswegen es den Mitarbeiterinnen so wichtig war, ob das Gespräch sehr angenehm verlaufen war, oder daß sie darüber sprechen wollten, wenn Gespräche unangenehm verliefen. Als sie erfuhren, daß Frauen in Gesprächen nach gleichberechtigter Kommunikation streben, daß für sie das Klima eines Gespräches wichtig ist, konnten sie damit umgehen.

Frauen tendieren mehr zu partnerschaftlicher, gleichberechtigter Kommunikation.

Maßstab für die Gesprächsbewertung dieser Männer war die eigene Kommunikation. Maßstab für partnerschaftliche Kommunikation muß jedoch auch der Partner sein und nicht nur ich selbst. Bisher ist das sehr schwierig, zumal in unserer Gesellschaft die «Sprache der Männer» als Norm anerkannt ist. Wenn wir eine wirkliche Gleichberechtigung erreichen wollen, müssen die Männer die Sprache der Frauen als gleichwertig anerkennen.

Nur wer die Sprache seiner Mitarbeiterinnen und Mitarbeiter versteht, kann sie führen.

Nur wer die Sprache seiner Mitarbeiterinnen und Mitarbeiter sprechen kann, wirkt motivierend und produktiv.

Nur wer die Facetten menschlicher Sprache kennt, sie versteht, akzeptiert und situativ beherrscht, wird seine Führungsaufgabe effektiv umsetzen.

Ihr Kommunikationsstil macht Frauen in vieler Hinsicht verletzlicher als Männer.

Wenn eine männliche Führungskraft sich der Tatsache bewußt ist, daß persönliche Wertschätzung für Frauen die Basis ist, kann er darauf Rücksicht nehmen und sich dementsprechend verhalten. Frauen sehen sich in einem Netz zwischenmenschlicher Beziehungen, und darauf baut ihre Kommunikation auf: partnerschaftlich, wertschätzend und verbindlich. Genau an diesem Punkt sind sie verletzbarer als Männer, sehen sich doch Männer eher als Einzelkämpfer mit den Wertmaßstäben «Gewinnen oder Verlieren». Damit prallen zwei verschiedene Kommunikationsstile aufeinander.

Da die «Männersprache» bisher die Normsprache ist, ist es bis jetzt hauptsächlich Frauen gelungen, in Führungspositionen zu kommen, die genau diese Sprache sprechen: ein Kommunikationsstil, bei dem mehr behauptet als begründet wird, ein Kommunikationsstil, bei dem es um Gewinnen oder Verlieren geht, wo menschliche Wertschätzung geradezu entzogen wird. Da geht es oft gar nicht mehr um die Sache. Diese Frauen werden normalerweise als unfreundlich, streng, distanziert beschrieben.

Viele Frauen versuchen sich die Kommunikationsweise der Männer zu eigen zu machen, um erfolgreich zu sein. Aber das ist keine Lösung!

Mit folgenden Anforderungen werden sich männliche Führungskräfte in Zukunft auseinandersetzen müssen:

- **Will ein Unternehmen auf Dauer gesehen motivierte Mitarbeiterinnen, müssen auch Männer die Sprache der Frauen kennen und als gleichberechtigt akzeptieren. Bisher ist es wohl eher so, daß Frauen versuchen, den Kommunikationsstil von Männern zu durchschauen, Redetrainings für Frauen besuchen oder Bücher zu diesen Themenbereichen lesen.**
- **Teamorientierte Kommunikation, so wie sie Frauen pflegen, wird Einzug halten müssen in die Führungsetagen.**

Kommunikation muß partnerschaftlich und von gegenseitiger Wertschätzung geprägt sein.

Einzelkämpferentscheidungen repräsentieren keine Meinungsvielfalt beziehungsweise werden komplizierten Sachverhalten nicht gerecht. Bedenken,

Risiken und Einwände müssen formuliert werden. Dazu gehört aber, daß ich als Führungskraft signalisiere, daß ich sie auch hören will. Das geht nur mit wertschätzender und partnerschaftlicher Kommunikation – so, wie wir sie vom Verkaufsgespräch her schon längst kennen.

Gibt es eine «Frauensprache» und eine «Männersprache»?

Für das FINO Institut für Neue Wirtschafts-Rhetorik in Braunschweig habe ich einen Fragebogen zu diesem Thema erarbeitet. 98 Frauen aus verschiedenen Unternehmen haben geantwortet und die Unterschiede dargestellt.

- 92 von 98 Frauen sagen, daß es mit ganz großer Sicherheit einen Unterschied gibt;
- 3 von 98 Frauen meinen, mit Sicherheit;
- 3 von 98 Frauen sagten eher nein.

Frauen sagen, Männer sprechen:

- laut,
- dominant,
- aggressiv,
- linearer,
- einfacher,
- nicht umfassend,
- länger,
- unterbrechen häufiger,
- emotionsloser,
- in kürzeren Sätzen,
- behauptender, auch wenn ihre Aussage nicht stimmt,
- in mehr Imperativformen und Feststellungen,
- hierarchisch orientiert.

Frauen sagen, Frauen sprechen:

- unüberlegter,
- unstrukturierter,
- integrativ,
- passiv,
- vorsichtiger,
- benutzen häufiger Wendungen wie «vielleicht», «eigentlich», «ich würde vorschlagen» und nehmen sich dadurch die Überzeugungskraft,
- leiser, in höherer Stimmlage,
- offener,
- verbindlicher,
- andere Gesprächseröffnung,
- unterschiedliche inhaltliche Gewichtung,
- voller Konjunktive,
- mit Rückfragen,
- mit Bestätigung anderer,
- eher mit unterstützendem Sprachverhalten,
- mit mehr Fragen,
- tendenziell unpräzise,
- stärker affirmativ,
- ohne Verstecken hinter Sachlichkeit,
- mit weicherer, gemäßigterer, kindlicherer Ausdrucksweise,
- umfassender im positiven wie im negativen Bereich,
- ganzheitlicher, emotionaler,
- Frauen formulieren ihre Einschätzungen und Meinungen so, daß es anderen Personen eher möglich ist, Gegenpositionen zu vertreten,
- zurückhaltender,
- weniger dominant,
- kommunikationsfördernder,
- mit weniger Unterbrechungen von anderen,
- hören besser zu …

In Seminaren für männliche Führungskräfte habe ich diese Einschätzungen vorgestellt. In solchen Seminaren wollen Männer mehr über den weiblichen Kommunikationsstil erfahren, um ihrer Führungsverantwortung gerecht zu werden. In ihren Unternehmen wurde erkannt, daß es nicht ausreicht, Äußerlichkeiten zu ändern, sondern daß soziale Kompetenz dazugewonnen werden muß. Diese Führungskräfte waren allesamt erstaunt, wie Frauen die männliche Sprache beschreiben. Daß ihre Sprache so auf Frauen wirken könnte, hätten sie nicht vermutet.

So geht es vielen Männern. Während viele Frauen sich mit der Literatur zur Frauen- und Männersprache auseinandersetzen, ist das für den Großteil der Männer nicht notwendig. Auch das entspricht wieder den unterschiedlichen Ansichten der Frauen und Männer.

Männer neigen eher zum Einzelkämpfertum – Frauen denken teamorientierter.

Während Frauen sich selbst hinterfragen und versuchen, sich in dieser immer vielschichtigeren Welt einzuordnen und abzugleichen («geht es anderen genauso wie mir?»), sehen Männer sich eher als «Einzelgänger»; sich mit den Wahrnehmungen anderer auseinanderzusetzen hieße, auch sich selbst häufiger zu hinterfragen und sich gegebenenfalls zu verändern, Schwächen einzugestehen. Das ist nicht leicht in einer Welt, wo es um Gewinnen oder Verlieren geht.

Es wäre allerdings fatal zu glauben, daß die Sprache der Frauen und deren Sicht der Welt die «richtige» wäre. Auch in ihrer Sprache und Einstellung – und unsere Einstellung beeinflußt unsere Kommunikation ganz entscheidend – sind bestimmte Aspekte kritisch zu betrachten.

Wir werden im Laufe dieses Buches auf die einzelnen oben beschriebenen Eigenschaften der Frauen- und Männersprache eingehen.

Männer und Frauen leben in verschiedenen «Sprachwelten»

Warum, fragen wir uns immer wieder, liegen die Schwerpunkte der Wahrnehmung von Männern und Frauen so verschieden?

Warum, fragen sich Frauen, war meiner Ansicht nach die Atmosphäre der Veranstaltung so unangenehm? Und warum hat dies mein Mann nicht gemerkt? Warum hat er sich gut amüsiert? Warum gibt meine Freundin mir recht? Warum hat sie die Situation genauso empfunden und wahrgenommen?

Sprache, Wahrnehmung und Weltsicht hängen miteinander zusammen.

Sprache, Denken und Wahrnehmung sind keine voneinander unabhängigen Prozesse. Damit haben sich Sprachwissenschaftler schon ausführlich beschäftigt, zum Beispiel Edward Sapir oder Benjamin Lee Whorf.

Die Theorie geht davon aus, daß Menschen, die verschiedene Sprachen sprechen, die Welt verschieden sehen. In ihrer extremen Form besagt die Theorie, daß unsere Sprache unser Denken bestimmt. Darüber wurde in der Wissenschaft ausführlich und kontrovers diskutiert. Die Auseinandersetzung, ob es das Huhn vor dem Ei gegeben hat, möchten wir aber hier nicht führen.

Nachvollziehbar ist für uns folgendes: Wir nehmen Dinge in der Praxis in Abhängigkeit von der Sprache und den Begriffen wahr, die uns zur Verfügung stehen, und von den daran geknüpften Sichtweisen und Wertungen.

Frauen haben ein anderes Vokabular als Männer. Bei ihnen geht es mehr um die Beschreibung von Gefühlen und Stimmungen; ihre Sprache ist emotionaler.

Untersuchungen haben gezeigt, daß wir uns an Dinge und Sachverhalte, die wir benennen können, besser erinnern und sie besser wiedererkennen können. Wenn wir keine Vokabel in unserem Wortschatz dafür haben, ist dies schwieriger. Frauen haben nun in der Regel ein ausführlicheres Vokabular zur Beschreibung ihrer Gefühle und zur Schilderung von Stimmungen. Ausnahmen bestätigen freilich auch hier die Regel. Selbstverständlich gibt es auch Männer, die das können, und Frauen, die das nicht können.

Wenn wir der These folgen, daß Sprache, Denken und Wahrnehmung eng zusammenhängen, ist es nachvollziehbar, daß die Beschreibung bestimmter Situationen von Männern und Frauen unterschiedlich ausfällt und daß verschiedene Schwerpunkte gesetzt werden.

Wie aber bildet sich dieses unterschiedliche Vokabular aus?

Meiner Ansicht nach hängt dies nach wie vor mit verschiedenen Erziehungsstilen von Jungen und Mädchen zusammen und darüber hinaus mit gesellschaftlichen Erwartungshaltungen an Männer und Frauen. Selbst wenn Eltern heute versuchen, Mädchen und Jungen gleich zu erziehen, so werden mit Sicherheit die gesellschaftlichen Erwartungen hier einen Riegel vorschieben.

Meiner Erfahrung nach werden Jungen auch heute noch dafür belohnt, wenn sie sich als durchsetzungsfähig zeigen, und Mädchen, wenn sie freundlich, nett und lieb sind. «Sei keine Memme, setz dich durch», sagte eine befreundete Mutter zu ihrem zweieinhalbjährigen Sohn, dem von einem zwei Köpfe größeren fünfjährigen Mädchen etwas weggenommen wurde.

Als ich vor einiger Zeit mit dem Zug unterwegs war, traf ich eine Schulklasse im Großraumwagen an. Die Kinder dürften zwischen acht und neun Jahre alt gewesen sein. Die Gruppe der Mädchen saß beieinander, die Gruppe der Jungen ebenfalls. Während die Mädchen brav zusammensaßen und sich unterhielten, kämpften die Jungs, zogen sich gegenseitig die Mützen vom Kopf. Alles drehte sich um Gewinnen oder Verlieren.

Jungen werden mehr auf Durchsetzungsvermögen hin erzogen, Mädchen eher auf Anpassung und Harmoniestreben.

Wenn ich als Junge dafür belohnt werde, als Sieger aus einer Auseinandersetzung hervorzugehen, stark und unangreifbar zu sein, werde ich alles dafür tun, der Sieger zu sein. Wenn ich als Mädchen dafür belohnt werde, Harmonie herzustellen, zu beschwichtigen und auf die Gefühle anderer zu achten, werde ich alles dafür tun, diese Harmonie herzustellen. Dementsprechend wird sich meine Haltung meiner Umwelt und anderen Menschen gegenüber entwickeln.

Hier entstehen Wertigkeiten. Je wertvoller mir etwas ist, desto mehr setze ich mich damit auseinander. Je mehr ich mich mit einer Sache – ob bewußt oder auch unbewußt – auseinandersetze, desto ausführlicher und differenzierter versuche ich sie zu beschreiben und Begriffe dafür zu finden. Wenn ich dazu erzogen werde, auf Harmonie und Gefühle anderer Rücksicht zu nehmen, wird meine Wahrnehmung sich auch an diesen Werten orientieren, und ich als Frau werde meinen Blick dafür sensibilisieren und darauf richten.

Frauen können besser mit Frauen kommunizieren als mit Männern, da sie ähnliche Wertvorstellungen haben.

Darüber hinaus werde ich versuchen, mit meinem Verhalten Harmonie und Gleichwertigkeit der Personen, mit denen ich zu tun habe, herzustellen. Da die Mehrzahl der Frauen die gleichen Wertigkeiten, einen ähnlichen Blickwinkel und ein dementsprechendes Begriffsrepertoire zur Beschreibung haben, können Frauen miteinander verhältnismäßig gut kommunizieren. Da die Wertigkeiten und Begrifflichkeiten von Männern anders sind, entstehen Kommunikationsprobleme.

Der Autor von «Sofies Welt», Jostein Gaarder, schreibt im Jugendmagazin der Süddeutschen Zeitung «jetzt» vom 29.8.1994, Seite 9: «Es hat auch einen Grund, daß in meinem Roman ein Mädchen die Hauptperson ist und kein Junge: Für Mädchen ist es wichtig, etwas zu verstehen. Den Jungs ist es wichtig, verstanden zu werden.»

Der berufliche Alltag ist stark von männlicher Kommunikation geprägt. Frauen, die Führungspositionen anstreben, hatten und haben sich dieser Kommunikation anzupassen. Gelang es ihnen nicht, hatten sie kaum eine Chance. Haben sie sich diese Form zu eigen gemacht, entstand das, was ich als «Margaret-Thatcher-Effekt» bezeichne. Weibliche Anteile blieben auf der Strecke beziehungsweise wurden unterdrückt, aus diesen Frauen wurde der «bessere Mann». Mit diesen Frauen hatten andere Frauen Probleme, sich zu identifizieren.

Mit diesen Frauen hatten auch Männer Probleme, weil sie völlig aus der vorgegebenen Rolle fielen. Mit Sicherheit wäre die Gleichberechtigung von Mann und Frau ohne diese Frauen noch nicht so weit, wie sie heute ist.

Die Mehrzahl der Frauen will jedoch nicht ihre Weiblichkeit auf der Strecke lassen, mit Sicherheit fällt es dem Großteil auch schwer. Sie wollen mehr: «Wir wollen alles», wie eine befreundete Journalistin mir einmal sagte, «Frau sein mit allen Facetten und gleichzeitig erfolgreich im Beruf sein, ohne uns in männlicher Art profilieren zu müssen.»

Frauen haben ein feines Ohr für Beziehungen

Jede Nachricht hat vier Seiten, so Friedemann Schulz von Thun in seinem Buch «Miteinander reden».

Jede Nachricht hat vier Seiten: Sachinhalt, Selbstoffenbarung, Appell und Beziehungsbotschaft

Eine Sachebene, eine Ebene der Selbstoffenbarung, einen Appell und eine Beziehungsebene.

Daß Kommunikation nicht nur davon abhängt, *was* wir sagen, sondern auch oder vor allem davon, *wie* wir etwas sagen, hat vermutlich jede und jeder von uns schon einmal erfahren. Manchmal treffen uns Worte wie Messer und Pfeile – manchmal verursachen genau die gleichen Sätze und Wörter keine Blessuren. Hierzu ein Beispiel:

Sie sitzen mit einem Kollegen im Zimmer. Das Telefon klingelt an einem Arbeitsplatz, an dem nie-

mand sitzt. Es klingelt und klingelt. Sie sind beschäftigt, genau wie Ihr Kollege auch. Plötzlich sagt er zu Ihnen in einem sehr derben Ton:
«Susanne, das Telefon klingelt!»

Untersuchen wir einmal die einzelnen Ebenen dieser Äußerung.

Wie sieht die **Sachebene** aus? Ganz einfach, das Telefon klingelt.

Was sagt der Kollege über sich selbst aus, auf der **Ebene der Selbstoffenbarung**? «Mich nervt das!»

Wie lautet der **Appell**, den der Kollege sendet? «Geh jetzt ran!»

Welche **Beziehungsbotschaft** sendet der Kollege? «Merkst du denn immer noch nicht, daß das Telefon klingelt?»

Und wie fühlt Susanne sich jetzt auf der **Beziehungsebene**? Bevormundet, gegängelt ...

Allerdings hat nicht nur jede Nachricht vier Seiten, sondern wir hören auch mit vier Ohren.

Frauen achten vor allem auf die Beziehungsbotschaft einer Aussage.

Dabei ist vor allem das Beziehungsohr von Frauen sehr weit geöffnet und ausschlaggebend dafür, wie wir mit jemandem kommunizieren und welches Gefühl wir während des Gesprächs haben. Geht die andere Person wertschätzend mit mir um, strebt sie eine symmetrische oder asymmetrische Kommunikation, also eine gleichberechtigte oder nicht gleichberechtigte Kommunikation an? Weil Frauen – laut Deborah Tannens Buch «Du kannst mich einfach nicht verstehen» und auch meiner Erfahrung nach – meistens versuchen, eine gleichberechtigte Kommunikation anzustreben, sind sie auf dem Beziehungsohr sehr sensibel.

Frauen streben mehr nach gleichberechtigter Kommunikation als Männer.

Die Stimme ist dafür verantwortlich, wie etwas bei uns ankommt: «Der Ton macht die Musik.» Und auf die Signale des Tons reagieren wir. Wie wir etwas aufnehmen und hören, hängt allerdings auch von unserer Tagesform ab. An manchen Tagen sind wir gelassen, und ein scharfer Ton tangiert uns

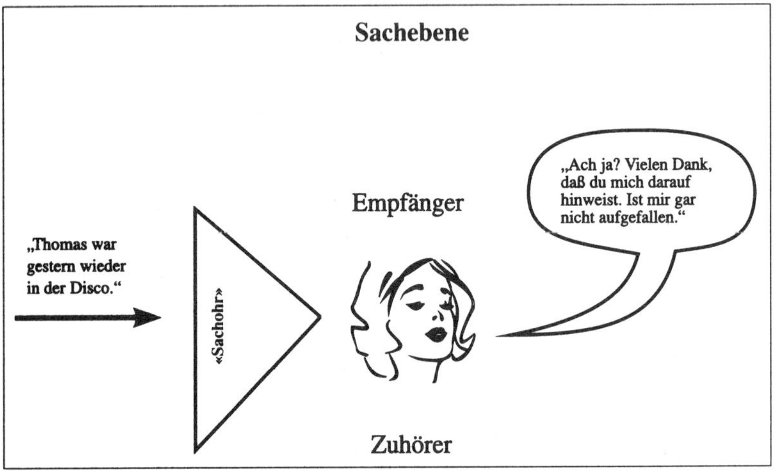

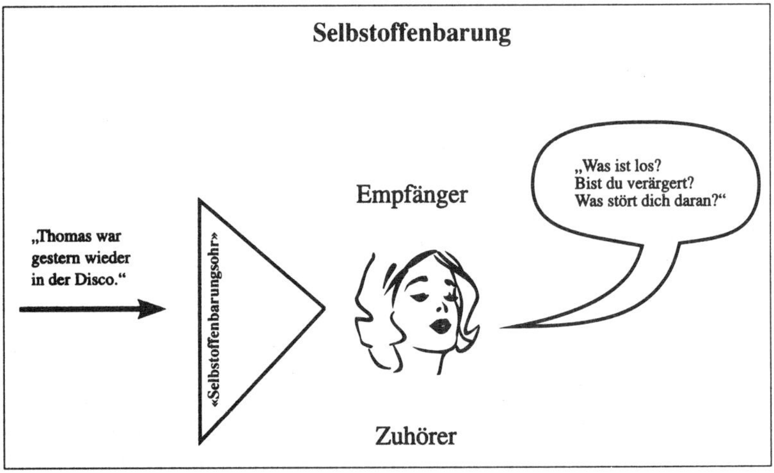

kaum. Das, was andere über uns denken, ist uns verhältnismäßig egal.

An anderen Tagen allerdings sind wir sehr verletzlich und angreifbar. Und das, wovon wir zuvor überzeugt waren, stellen wir in Frage. In solchen Fällen reden Frauen gerne über ihre «Befindlichkei-

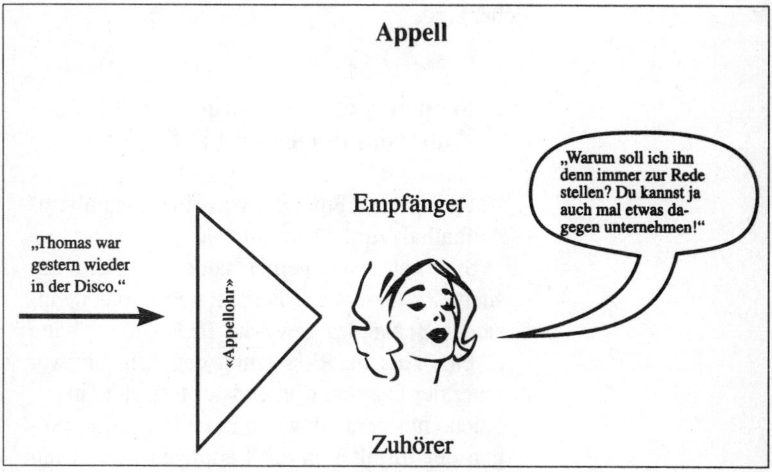

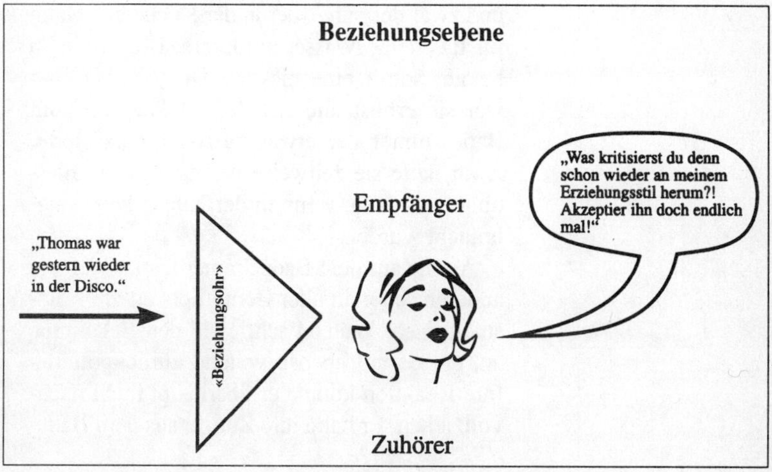

ten». Vor allem mit jemandem, der Verständnis für die Situation hat, in der ich mich als Frau befinde. Frauen wollen ausloten, ob das, was sie wahrgenommen haben, oder die Art, wie sie reagiert haben, nachvollziehbar ist, ob ihre Reaktion «angemessen» war. Dies vor allem, wenn sie sich über ihr Verhalten und die Bewertung ihres Verhaltens nicht ganz sicher sind.

Frauen suchen Bestätigung für ihre Wahrnehmungen und Erfahrungen

Nachdem eine Freundin von einem Hamburg-Aufenthalt zurückkam, rief sie mich sofort an.

Sie hatte eine gemeinsame Freundin besucht. Zu Gast war außerdem noch ein gemeinsamer Bekannter gewesen. In Hamburg hatte es eine Auseinandersetzung gegeben. Sie war unter der Dusche, während der Bekannte in der Küche mit dem Abwasch beschäftigt war. Wegen der Installation der Leitungen konnte nur einer von beiden heißes Wasser bekommen, und zwar derjenige, der in der Küche den Hahn für das heiße Wasser aufdrehte. Die Freundin bekam somit eine eiskalte Dusche. Darüber war sie erbost und rief dem Bekannten vom Badezimmer her etwas zu. Nichts passierte. Zwar hatte sie zeitweise heißes Wasser, allerdings nur dann, wenn in der Küche keines gebraucht wurde.

Als sie aus dem Badezimmer kam, saßen die anderen schon in aller Gemütlichkeit am Frühstückstisch. Wütend schrie sie den Bekannten an, der darauf ebenso wütend zurückpolterte. Ihre Reaktion konnte er überhaupt nicht nachvollziehen. Er hatte ihre Zurufe aus dem Badezimmer nicht gehört. Der Ton allerdings gefiel ihm überhaupt nicht. Er verbat es sich, daß sie ihn maßregelte wie einen Schuljungen. Die Situation konnte nicht geklärt werden.

Als sie mir diese Episode am Telefon schilderte, konnte ich ihre Reaktion verstehen, gab ihr allerdings zu verstehen, daß ich anders reagiert hätte und daß ich das Verhalten des Bekannten auch gut nachvollziehen könne. Damit war sie höchst unzufrieden. Sie vermißte die Bestätigung, die ich ihr nicht geben konnte. Das Gefühl, nicht richtig und zu impulsiv reagiert zu haben, machte ihr sehr zu schaffen. Vor allem die Vorstellung, ihren Bekannten zu Unrecht verbal verletzt und gekränkt zu haben.

Denken wir noch einmal an das, was im vorigen Kapitel gesagt wurde: *«Wenn ich dazu erzogen werde, auf Harmonie und Gefühle anderer Rücksicht zu nehmen, wird meine Wahrnehmung sich auch an diesen Werten orientieren, und ich als Frau werde meinen Blick dafür sensibilisieren und darauf richten. Darüber hinaus werde ich versuchen, mit meinem Verhalten Harmonie und Gleichwertigkeit der Personen, mit denen ich zu tun habe, herzustellen.»*

Meiner Freundin war dies in dieser Situation nun nicht gelungen. Unangenehm war ihr das allemal. Sie hätte damit allerdings noch umgehen können, wenn ich ihr mitgeteilt hätte, daß ihr Verhalten gerechtfertigt gewesen sei.

Frauen streben mehr nach gleichberechtigter Kommunikation als Männer.

Frauen sind für die Beziehungen, die sie zu anderen herstellen, sehr empfindsam. Sie nehmen darüber hinaus zwischenmenschliche Beziehungen und Stimmungen, die sie beobachten, sehr gut wahr.

Ein Seminarteilnehmer sagte einmal, daß er im-

Frauen sind einfühlsamer und haben ein feineres Gespür für zwischenmenschliche Beziehungen als Männer.

mer erstaunt darüber sei, daß seine Frau, wenn sie gemeinsam zu Veranstaltungen seiner Firma gingen, ganz genau die Beziehungen der einzelnen zueinander wahrnehmen und beschreiben könne. Sie treffe den Nagel genau auf den Kopf, wenn sie beschreibe, wer mit wem Konflikte habe, selbst wenn diese gar nicht zur Sprache kämen.

Frauen haben ein großes «Beziehungsohr». Eine Eigenschaft, die zwar wichtig für wertschätzende und partnerschaftliche Kommunikation ist, die allerdings nicht immer nur Vorteile bringt.

Frauen haben ein gutes Gespür für indirekte Botschaften

Frauen verstehen sich untereinander in der Regel sehr gut. Selbst wenn sie Dinge oft nur andeuten, also «indirekte Botschaften» senden.

«Ich habe so viel zu tun zur Zeit, ich weiß gar nicht, ob ich das schaffe», sagt der Kollege. Und wie reagiert die Kollegin? «Kann ich dir behilflich sein, soll ich dir etwas abnehmen?» fragt sie.

Er nimmt das Angebot gerne an. Und prompt hat sie einen Stapel der zu bearbeitenden Unterlagen auf dem Schreibtisch.

Frauen reagieren sehr stark auf dem «Appellohr», weil sie selbst oft indirekte Botschaften senden – Aussagen, bei denen sie etwas anderes meinen, als sie sagen. Wenn Frauen miteinander sprechen, bringt das kaum Probleme mit sich. Redet allerdings eine Frau in dieser Form mit einem Mann, bringt das oft für beide Seiten unbefriedigende Ergebnisse mit sich.

Frauen formulieren ihre Bedürfnisse oft indirekt und sind daher auch besonders sensibel für die indirekten Botschaften anderer – das, was «zwischen den Zeilen steht».

Wie wäre die Situation umgekehrt? Die Kollegin sagt: «Ich habe so viel zu tun!» – würde sich der Kollege genauso verhalten? Nicht unbedingt. Vermutlich sogar eher nicht. In diesem Fall wäre die Kollegin höchst unzufrieden. Männer fragen sich oft,

Die vier Seiten einer Nachricht

Beziehung – Sache – Appell – Selbstoffenbarung

«Wie steht er im Moment zu mir?» – das fragt sich ein/e Mitarbeiter/in bei jeder Kommunikation mit ihrem Chef und ist aufmerksam für jede Beziehungsbotschaft.

Sein/ihr «Beziehungsohr» ist also weit geöffnet. Diese Tendenz ist bei Mitarbeiterinnen noch verstärkt, da sie prinzipiell stärker bindungs- und beziehungsorientiert kommunizieren und für ihre Arbeit eine ungestörte Beziehungsbasis und eine verläßliche menschliche Nähe suchen.

Es ist deshalb für Frauen vorteilhaft, wenn sie lernen, ihr «Beziehungsohr» zu verkleinern, und unabhängiger werden von Beziehungsbotschaften. Sie können ihre Konzentration auf die anderen Ebenen, insbesondere auf die Sachebene verlagern.

Männer in Führungsverantwortung sollten sich sehr stark darauf «programmieren»,

- eindeutige, positive und verläßliche Beziehungsbotschaften zu senden
- und vor allem: ihr «Appellohr» trainieren und ausbauen:

Was möchte sie mir indirekt mitteilen?
Worin besteht die unterschwellige Botschaft ihrer Äußerung?
Was ist ihr Wunsch, ihr Ziel?

weshalb Frauen sich schwertun oder nicht in der Lage sind, das auf den Punkt zu bringen, was sie meinen.

Die Vorstellung von Frauen in bezug auf wertschätzende Kommunikation beinhaltet auch, Forderungen nicht explizit zum Ausdruck zu bringen. Direkte Botschaften – also zum Beispiel, wenn man sagt: «Übernimm doch einen Teil meiner Arbeit» – nehmen den Gesprächspartner beziehungsweise die -partnerin stark in die Pflicht. In die Pflicht nehmen kann mich allerdings häufig nur jemand, der mir hierarchisch überlegen ist. Und das entspricht gerade nicht der Kommunikationsabsicht von Frauen.

Selbstverständlich könnte sie den Kollegen auch direkt bitten, einen Teil der Arbeit zu übernehmen. Das Risiko, daß der Kollege allerdings nein sagt, beträgt 50 Prozent. Und für eine Frau ist es in der Regel schwierig, dieses Nein als reine Sachaussage anzunehmen, die unabhängig von ihrer Person formuliert wurde. Hier hat sie das «Beziehungsohr» weit geöffnet. Dementsprechend bevorzugt sie in der Kommunikation mit anderen indirekte Botschaften und Appelle.

Verdeckte Botschaften

Frau Schmidt sagt zu ihrem Kollegen: *«Was halten Sie davon, wenn wir für die Kollegen im Sekretariat eine EDV-Fortbildung organisieren?»*

Herr Meier antwortet: *«Das halte ich für keine gute Idee.»*

Frauenansicht: Frau Schmidt hatte schon eine genaue Vorstellung von diesem Seminar und weiß auch um die Probleme der Mitarbeiter im Sekretariat. Sie selbst möchte jedoch keine direkte Forderung stellen und den Kollegen da-

Frauen formulieren Vorschläge häufig vorsichtig – in Frageform. Sie denken teamorientiert und möchten zu einem gemeinsamen Ergebnis finden.

durch in die Pflicht nehmen. Sie will diesen Vorschlag mit ihm besprechen. Über diesen Austausch will sie dann ein gemeinsames Ergebnis erzielen – sie denkt teamorientiert.

Männeransicht: Herr Meier versteht die Frage Frau Schmidts als Entscheidungsfrage. Obwohl er sich über so eine Fortbildung noch keine Gedanken gemacht hat, fühlt er sich schnell in die Entscheidungsrolle gedrängt. Diese Rolle liegt ihm von seiner Kommunikationsstruktur her – nämlich die Dinge direkt zu entscheiden. Er ist es gewohnt, alleine – und manchmal auch vorschnell – Entscheidungen zu treffen.

Frau Schmidt sendet: *«Ich möchte mit dir besprechen.»*

Herr Meier hört: *«Entscheide.»*

Hinterher fühlt sich Frau Schmidt natürlich auch nicht wohl. Die Notwendigkeit, das EDV-Seminar durchzuführen, besteht nach wie vor. Ihr Angebot *«Laß uns das gemeinsam überlegen»* hat der Kollege überhört.

Die Kollegin von Frau Schmidt, der sie die Idee ebenfalls unterbreitete, hat ganz anders reagiert: *«Darüber habe ich noch nie nachgedacht. Wie könnte so was denn aussehen?»*

Frauen halten es für selbstverständlich, Dinge zu besprechen. Sie erwarten, daß Entscheidungen gemeinsam gefunden werden aufgrund einer geballten Teamkompetenz. Ideen dienen ihnen nicht zur Selbstdarstellung wie dem Mann, sondern der Sachorientierung. Die gemeinsame Diskussion darüber ist für sie Voraussetzung einer professionellen Verbundenheit gegenüber dem Unternehmen und allen Beteiligten.

Männer müssen lernen, solche Fragen als das zu verstehen, was sie sind – nämlich als Anstoß zu einer Diskussion und nicht als Aufforderung, eine Entscheidung zu treffen.

Verhaltensvorschlag für Herrn Meier:

Frau Schmidt: *«Herr Meier, was halten Sie davon, wenn wir für die Kollegen im Sekretariat eine EDV-Fortbildung organisieren?»*

Herr Meier: *«Darüber habe ich noch nie nachgedacht. Wie könnte so etwas denn aussehen?»*

Merke: Wenn Frau eine Frage stellt, hat sie meist innerlich schon vorgedacht und ist einer Antwort auf der Spur! Nutzen Sie dieses Potential. Es hilft Ihnen denken. Es erleichtert der Frau, ihre Kompetenz ungeschminkt darzulegen.

Kommunikationstrainerinnen und -trainer fordern präzise und eindeutige Aussagen, um Mißverständnisse zu minimieren. Ein verständlicher Anspruch. Allerdings einer, der sehr schwer umsetzbar ist und auch nicht immer zu befriedigenden Lösungen führt, wie das folgende Beispiel zeigt:

Mißverständnisse ...

«Manchmal kommt es mit meinem Freund zu Mißverständnissen und Auseinandersetzungen», berichtete eine Freundin. «Er sagt, ich würde die Dinge nicht gleich zur Sprache bringen oder nur andeuten. Er fordert von mir, direkt anzusprechen, was ich will und was mich stört.»

Nach einem schwierigen Telefonat genau über dieses Thema hatten sie abgemacht, daß sie am Abend noch zu ihm kommen solle. Zufällig rief ich an, und sie schilderte mir die langwierigen Auseinandersetzungen. Danach hatte sie sich etwas beruhigt. Ihr Freund rief sie abermals an, und sie sagte, sie habe Magenschmerzen und wolle deshalb den Abend nun doch lieber allein verbringen. Sie hatte also direkt formuliert, was sie wollte.

Fünf Minuten später rief er sie zurück und sagte: *«Ich bin verletzt und finde es nicht fair, daß du nicht mehr kommst und mir ein schlechtes Gewissen einjagst.»* Sofort rief sie mich an und sagte, daß sie die Welt nicht mehr verstehe. Schließlich habe sie doch direkt formuliert, was sie nun wollte, aber das führe ja auch nur zu Konflikten.

Es ist leicht gesagt, daß wir unsere Forderungen direkt und verständlich stellen sollen. Tun wir es wie in obigem Beispiel, geben wir also die bloße Information, kann das genau zu den beschriebenen Konflikten, Auseinandersetzungen und langwierigen Diskussionen führen.

Und hier kommt ein «Kosten-Nutzen-Aspekt» ins Spiel. Formuliere ich direkt wie oben beschrieben, muß ich mit Auseinandersetzungen rechnen. Die kosten Kraft, Zeit und Energie. Je nachdem, wie wichtig die Sache für mich ist, kann diese Energie lohnend und nutzbringend sein. Nur allzuoft aber sind diese Gespräche Wortklaubereien, Haarspalterei und Endlosdiskussionen.

Indirektes Formulieren von Wünschen und Bedürfnissen kann Konflikte vermeiden helfen, wirkt aber oft auch wie mangelndes Durchsetzungsvermögen.

Formuliere ich indirekter, oder überlasse ich die Entscheidung sogar dem anderen, beispielsweise: «Ach, jetzt bin ich müde, und ein wenig Magenschmerzen habe ich auch, ich weiß gar nicht, ob ich noch kommen soll, was meinst du denn?», kann das oft genau diese Diskussionen ersparen. Gleichzeitig bringt es einem in manchen Situationen allerdings auch den Vorwurf ein, Dinge indirekt zu formulieren und Entscheidungen nicht selbständig zu treffen.

Und genau das ist das Dilemma vieler Frauen. Bei zuviel Empathie (das heißt, einfühlsamem Verständnis für den Gesprächspartner) in der Kommunikation werden sie sehr schnell als das typische «Weibchen» abgestempelt, bei zuwenig Empathie werden sie als hart eingestuft. Unser Ziel sollte die gute Mischung sein.

Auch Männer haben ein «Beziehungsohr»

Männern kommt es in Gesprächen mehr auf ihren Status an als Frauen.

Es wäre falsch zu behaupten, nur Frauen hätten ein «Beziehungsohr». Das haben selbstverständlich auch Männer. Allerdings sind ihre Antennen etwas anders ausgerichtet. Ihnen geht es oft darum, zu erkennen: «Wie verhält es sich mit meinem Status im Gespräch?»

In einem Seminar haben wir ein Rollenspiel auf Video aufgenommen. Eine männliche Führungskraft unterhält sich mit einer Mitarbeiterin. Er möchte nach etwa einem halben Jahr der Zusammenarbeit Bilanz ziehen. Als die Mitarbeiterin sich gesetzt hatte, sagte er, er hätte gerne einen Tee für sie zubereitet, allerdings sei er nicht mehr dazu gekommen, die Zeit habe nicht ausgereicht, denn er sei später als geplant ins Büro gekommen.

Interessanterweise sagten die Männer, die an der Analyse des Gesprächs teilnahmen, einstimmig, daß dies wohl eine unnötige Formulierung gewesen sei. Schließlich habe er ihr keinen Tee zubereitet, dann sollte er das auch nicht erwähnen. Sie würden sich in der Situation der Frau fragen, ob es ihm nicht wichtig genug gewesen sei, pünktlich zu kommen, um noch rechtzeitig einen Tee zuzubereiten. Wir Frauen hatten eine ganz andere Interpretation und andere Überlegungen. Wir fanden es sehr aufmerksam vom Chef, daß er noch wußte, daß die Mitarbeiterin Tee trinkt und daß er, hätte er die Zeit gehabt, sogar noch einen zubereiten wollte.

Männer interpretieren Gespräche oft ganz anders als Frauen

Ein befreundetes Paar aus Göttingen, Joachim und Claudia, machte einen langen Spaziergang. Nachdem sie etwa zehn Kilometer zu Fuß zurückgelegt hatten, trafen sie auf einen anderen Spaziergänger. Der fragte sie, woher sie denn kämen, und sie sagten: *«Aus Göttingen»* Daraufhin meinte der Mann: *«Da sind Sie aber mit dem Bus hergekommen.»* Worauf Claudia in sehr freundlichem Ton sagte, daß sie den ganzen Weg zu Fuß zurückgelegt hätten. Der Mann konnte es kaum glauben und drückte sein Erstaunen darüber aus. Claudia unterhielt sich einige Minuten angeregt mit diesem Mann und fand das Gespräch sehr angenehm. Joachim jedoch war ziemlich genervt. Er ärgerte sich darüber, daß dieser Mann ihnen offensichtlich nicht zugetraut hatte, diesen langen Fußmarsch zu bewältigen. Er fühlte sich in seiner Ehre verletzt. Die beiden unterhielten sich über ihre unterschiedlichen Interpretationen und gerieten beinahe in Streit.

Für Claudia war es unvorstellbar, daß Joachim sich verletzt fühlen konnte. Für Joachim war es unvorstellbar, daß Claudia dieses Gespräch als sehr angenehm empfunden hatte.

Statusorientierung fördert Konkurrenz

Konkurrenz und Statusdenken, wie man es vor allem bei Männern findet, schadet dem Betriebsklima und wirkt sich damit – langfristig gesehen – auch nachteilig auf die Arbeit aus.

Im betrieblichen Alltag kann die «Statusorientierung» von Männern schlimme Folgen haben, gerade bei der Teamarbeit. Die Statusorientierung fördert Konkurrenz und Distanz zwischen den einzelnen Mitarbeiterinnen und Mitarbeitern. Oft geht es bei Entscheidungen nicht mehr um die Sache selbst, sondern darum, die eigene Meinung durchzusetzen – es geht um Gewinnen, Profilieren oder Verlieren. Dabei werden im Team unterschiedliche Strategien angewendet:

- Die Mitarbeiter glänzen durch die eigene Leistung und stellen sie in den Vordergrund.
- Informationen, Verbesserungsvorschläge und Hinweise werden als die eigenen ausgegeben, obwohl sie von anderen – meist Rangniedrigeren – kommen. Leistungen, von denen man glaubt, daß sie dem Vorgesetzten gefallen und daß sie einem persönlich nutzen, werden hervorgehoben. Und oft kommen nicht die fachlich und sozial kompetentesten Mitarbeiter nach oben, sondern diejenigen, die sich am besten präsentieren können, die eloquent und durchsetzungsfähig sind.

Dabei bleiben andere Gruppenmitglieder natürlich auf der Strecke. Oft werden Informationen nicht an sie weitergegeben, oder sie werden abgewertet nach dem Motto: «Das hat Herr Maier sicher mal wieder vergessen.» Ihre Ideen werden negativ bewertet oder etikettiert, sei es verbal – «Das kann man doch nicht machen» oder «Das ist doch Quatsch» –, sei es nonverbal, indem man ihnen den Blickkontakt entzieht, ironisch grinst oder ablehnend mit dem Kopf schüttelt. In manchen Teams werden Kleingruppen gebildet, die sich dann gegen den vermeintlichen Konkurrenten solidarisieren, ihm Übles nachsagen, jedoch nie direkt, sondern über Dritte.

Daß so ein Verhalten das Betriebs- und Arbeitsklima nicht fördert, versteht sich von selbst. Die

Angst vor Verleugnung – das Sich-schützen-Müssen – verhindert geradezu die elementaren Grundlagen der Kommunikation, nämlich: natürliche, ungezwungene, offene und transparente Kommunikation, kooperatives Verhalten, der Wunsch, sein Wissen und seine Kompetenzen in den Dienst der Sache zu stellen.

Gesprächsatmosphäre ist wichtiger als persönliche Profilierung

Der Regionsleiter einer großen Versicherung besuchte zwei interne Seminarveranstaltungen zum Thema Verkauf, die in seinem Haus stattfanden. Eine Seminarveranstaltung mit einer gemischten Teilnehmergruppe, eine mit einer reinen Frauengruppe. Als er den Seminarraum der gemischten Gruppe betrat, änderten sich das Klima und die Atmosphäre schlagartig. Die Äußerungen der Gruppenmitglieder wurden weniger spontan und sachlicher, kontrollierter.

Als er den Seminarraum der Frauengruppe betrat, änderte sich das Klima nicht. Die Teilnehmerinnen waren aufgeschlossen, spontan in ihren Äußerungen und ließen sich durch die Gegenwart des Chefs kaum stören. Er war über diese Wahrnehmung so erstaunt, daß er dies sofort mit einer Mitarbeiterin besprechen mußte. Einen Reim konnte er sich darauf nicht machen. Für die Teilnehmerinnen war die Atmosphäre, die sie innerhalb der Gruppe geschaffen hatten, wesentlich wichtiger, als dem Chef gegenüber einzeln zu brillieren.

Männern geht es hauptsächlich darum, sich in einem Gespräch zu profilieren. Frauen ist die Gesprächsatmosphäre wichtiger.

Da Frauen kooperativer und sensibler für zwischenmenschliche Beziehungen sind und mehr nach Harmonie streben, können sie viel zu einem positiven Gruppenklima beitragen.

Frauen können aufgrund ihrer eher kooperativ und zwischenmenschlich ausgeprägten Fähigkeiten etliches zu einem förderlichen Gruppenklima beisteuern.

In einem Redetraining für Frauen habe ich weibliche Führungskräfte befragt, welche Erfahrungen sie mit ihren männlichen Kollegen gemacht haben. Einige Auszüge aus diesen Befragungen möchte ich hier vorstellen, und zwar Auszüge, die nicht nur die Erfahrungen einzelner spiegeln, sondern von denen ich weiß, daß es anderen Mitarbeiterinnen ebenso ergeht.

«Ich bin eine durchsetzungsfähige Frau geworden»

Die Abteilungsleiterin einer Versicherung, die im Innendienst beschäftigt ist und gemeinsam mit fünf Außendienstmitarbeitern (alle gehören seit einer Umstrukturierung der erweiterten Geschäftsführung an) arbeitet, berichtet:

«In Besprechungen kommen meine Themen grundsätzlich zum Schluß dran, weil sie für Männer unwesentlich sind. Ihnen ist es wichtig, ob sie ein Autotelefon haben. Darüber haben wir uns bestimmt 20 Stunden unterhalten. Jetzt haben wir alle Autotelefone.

Es geht immer um Kleinigkeiten. Ich habe festgestellt, daß die Männer sich mit ihren Sprüchen wie die Jungs im Sandkasten verhalten. Manchmal habe ich schon gesagt, ihr könnt doch über den Kollegen, der hier nicht dabei ist, nicht so lästern. Früher dachte ich immer, das tun nur wir Frauen. In den vergangenen anderthalb Jahren habe ich festgestellt, daß wir Frauen in dieser Beziehung nicht so schlimm sind, wie es immer heißt. Die Männer können so aggressiv und gemein sein, daß es mich als Frau wahnsinnig stört, in einem Kreis zu sein. Ich habe mir auch überlegt, ob ich kündigen soll, weil die Arbeit sich negativ auf mein Privatleben auswirkt.

Ich habe heute mehr gegen Männer als früher. Ich arbeite lieber mit Frauen zusammen. Ich habe festgestellt: Frauen denken ähnlicher.

Frauen reagieren auf den rauheren, aggressiveren Umgangston von Männern häufig sehr sensibel.

Frauen sind sozialer eingestellt, können sich in andere hineindenken, auch in Männer, aber besonders in Frauen.

Wenn bei uns mal jemand einen Tag freihaben will wegen der Kinder, den kann er ruhig frei nehmen, das ist für mich kein Thema. Männer überlegen erst, und in der Regel haben sie dafür kein Verständnis. Oder jemand sagt: Ich muß einkaufen gehen, kann ich heute mal um drei gehen. Ich hab' dafür Verständnis, weil ich mir einen Tag Urlaub im Monat nehmen muß, um meine privaten Sachen zu erledigen. Männer sind da verständnislos, egoistisch.

Wenn unsere Schreibkraft mal mittags um zwölf geht, und da liegen noch fünf Briefe, die können doch mal bis morgen warten. Männer denken, nein, das muß sofort geschrieben werden. Die Männer echauffieren sich, wenn diese Schreibkraft mal einen halben Tag freihat…

In diesen eineinhalb Jahren habe ich eines gelernt: Man hat als weibliche Führungskraft im Büro keine Freunde mehr… Am Anfang war es eine schlimme Erfahrung für mich, mit diesen Männern zusammenzusitzen und mir anzuhören, was sie als Problem empfinden.

Oft leiden Frauen unter einem schlechten Betriebsklima mehr als Männer, weil ihr «Beziehungsohr» weiter geöffnet ist.

Unserer Firma ging es ziemlich schlecht, und die Männer haben sich über banale Dinge unterhalten. Da kam ich völlig frustriert nach

Hause. Das hab' ich ungefähr ein Jahr lang gemacht, bis mein Mann sagte, du mußt etwas ändern. Du kannst nicht jedesmal nach Hause kommen und mir den gleichen Mist erzählen. Du änderst ja nichts. Und du kannst die ja nicht ändern. Also ändere dich.

Also hab' ich angefangen, Bücher darüber zu lesen oder mich mit anderen Frauen zu unterhalten, und hab' festgestellt, es ist überall gleich. Ich kann es nicht ändern. Also versuche ich, gefühlsmäßig Abstand zu gewinnen.

Am Anfang habe ich dadurch Probleme im Privatleben bekommen. Ich bin dort genauso barsch vorgegangen wie im Büro. So, daß Freunde mir sagten: ‚Du warst früher ganz anders, aber heute hast du manchmal einen Ton an dir…' Das wollte ich natürlich gar nicht.

Mittlerweile fühle ich mich eigentlich ganz gut dabei. Ich kann jetzt nach einem Arbeitstag nach Hause gehen und abschalten. Ich muß mir keine Gedanken mehr darüber machen, was schiefgehen könnte.

Früher habe ich unsere Chefs, die auch in ganz Europa bekannt sind, sehr bewundert. Ich habe aber festgestellt, daß da gar nicht so viel dahintersteckt. Gut, die sind in diese Position gekommen, aber wo ich jetzt dabei bin und mir das anschauen kann, denke ich, die hast du umsonst bewundert. Die sind nicht wirklich so clever, wie ich mir das vorgestellt habe.

Heute verstehe ich, warum manche Firmen wirklich den Bach runtergehen. Ich glaube, das liegt an der fehlenden Weitsicht. Man strukturiert einfach um, haut voll mit dem Hammer rein. Man erwartet, daß die Leute, die da sind, das alles auf die Reihe kriegen.

Früher zum Beispiel hat jeder von uns eine Sparte bearbeitet, und innerhalb von anderthalb Jahren muß nun jeder alles bearbeiten.

Wir sind viermal umgezogen. Wir müssen um jedes Arbeitsgerät kämpfen. Also, wenn wir einen Computer kaufen wollen, stellt sich die große Frage: Brauchen wir den oder nicht? Natürlich brauchen wir den. Aber ich muß um jede 5000 Mark kämpfen.

Bei uns ist es wichtig, daß die Außendienstmitarbeiter ihren Dienstwagen und Telefone haben. Und wir sitzen auf alten Computern rum, wo man fünf Minuten braucht, bis das Programm kommt. Es ist ein täglicher Kampf.

Ich muß alle zwei Wochen bei meinem Vorgesetzten antreten und mich für irgend etwas rechtfertigen. Das tu ich nicht mehr. Ich sage, ich hab' es einfach gemacht, und damit ist das erledigt. Ich bin eine durchsetzungsfähige Frau geworden. Früher war ich ein Schaf.»

Eine andere Teilnehmerin berichtet:

«Früher hab' ich immer gedacht, wenn Männer eine Sitzung abhalten, ist das sehr wichtig, da kann man kaum stören. Und seit ein paar Jahren nehm' ich selbst an Sitzungen teil. Dort wird sehr viel über Kleinigkeiten geredet. Über Gerangel, über Stellen, über Machtpositionen. Und man ist als Frau doch sehr erstaunt, daß bei Männern Statussymbole eine sehr große Rolle spielen… Als Frau denkt man weiter bei Entscheidungen. Man versetzt sich in die einzelne Person hinein, wie die jetzt entscheiden würde.

Man berücksichtigt viele Komponenten mit. Bei Männern ist es der eine Punkt, den wollen sie erreichen, und darüber denken sie nicht hinaus. Da geht es um das eigene Ziel, die eigene Meinung und das Prestige, das man erreichen möchte ...

Ich stoppe jetzt auch mal Besprechungen und sage, das kann besser zu zweit besprochen werden, oder das sind jetzt Kleinigkeiten oder Klatscherei. Mit der Zeit wissen sie jetzt, daß ich da recht habe. Am Anfang haben sie dieses Verhalten abgewertet und gesagt, ich soll mich nicht so anstellen. Man wurde so hingestellt, als hätte man keine Ahnung, als sei man ein bißchen dumm.»

Männern geht es oft mehr um Machtpositionen als um die Sache selbst.

Diese Erfahrungsberichte sind typisch: Es geht vielen Männern darum, Status aufrechtzuerhalten, zu symbolisieren, und wenn auch nur durch Autotelefone – es geht um Machtpositionen, die erreicht werden sollen, es geht darum, recht zu behalten, um Gewinnen oder Verlieren.

Weniger im Mittelpunkt steht folgendes: Was ist jetzt der Sache dienlich, im ganzheitlichen Sinn, nämlich auch im Hinblick auf die einzelnen Beteiligten?

Jede Äußerung enthält eine «Selbstoffenbarung»: das, was der andere damit über sich selbst aussagt. Frauen haben kein großes Gespür für solche Selbstoffenbarungen. Sie zweifeln eher an sich selbst als an anderen.

Was sagt der andere mit seiner Äußerung über sich selbst?

Aus vielen Seminaren und Gesprächen mit Frauen habe ich erfahren, daß ihr Ohr für das, was der andere über sich selbst aussagt, verhältnismäßig klein ist. Damit will ich nicht sagen, daß Frauen anderen gegenüber nicht kritisch sind, das überhaupt nicht. Allerdings neigen sie stark dazu, Fehler erst einmal bei sich selbst zu suchen. Sich selbst kritisch zu hinterfragen: «Was habe ich bei diesem Gespräch dazu beigetragen, daß der andere so reagiert hat?»

Das, was Frauen auszeichnet, nämlich sich selbst zu hinterfragen, wird ihnen in manchen Situationen zum Verhängnis. Stellen wir uns einmal vor, ein Verkaufsgespräch läuft nicht gut. Der Gesprächspartner verhält sich ruppig und kühl. Er lehnt das Produkt völlig ab und erklärt, daß er damit überhaupt nichts anfangen kann. Viele Frauen sind nach solchen Gesprächen erst einmal völlig geschockt und fragen sich, wie es dazu gekommen ist, daß der andere so reagierte. Sie hinterfragen ihr Verhalten und haben ein ungutes Gefühl, selbst dann, wenn sie kein Fehlverhalten bei sich selbst feststellen können.

Eine Frauenbeauftragte eines großen Unternehmens sagte mir einmal, daß Frauen lernen müssen, mit Rückschlägen besser umzugehen, und die Fehler nicht immer bei sich selbst suchen sollten. Damit hat sie vollkommen recht.

Frauen müssen lernen, besser mit Rückschlägen umzugehen und die Fehler nicht immer bei sich selbst zu suchen.

Frauen sollten ihr Ohr für die Selbstoffenbarung des anderen in manchen Situationen weiter öffnen. Und sich selbst – nicht nur anderen – gegenüber eingestehen, daß das Verhalten des anderen nicht in Ordnung war. Männer dagegen müssen mehr Bereitschaft zeigen, Fehler nicht nur bei anderen zu suchen, sondern auch bei sich selbst.

Einfluss ist besser als Macht

Führungspositionen sind mit Machtmitteln ausgestattet. Ich habe Macht über Menschen und Mittel, kann Entscheidungen treffen, die auch Mitarbeiterinteressen und -bedürfnisse tangieren. Wer eine Führungsposition bekleidet, verfügt über die Macht, Menschen Dinge, die für diese wichtig sind (Anerkennung, Geld, Prestige und so weiter), zu entziehen oder sie zu gewähren. Wer Verhaltensweisen von Mitarbeitern mit den Machtmitteln der Belohnung und Bestrafung verändern will, muß auf seine Positionsmacht zurückgreifen.

Der Einsatz von Machtmitteln zur Veränderung von Verhalten setzt jedoch voraus, daß die betreffende Person die Mittel besitzt, die der andere für seine Bedürfnisbefriedigung benötigt. In Zeiten, in denen einem Arbeitnehmer viele Arbeitsplätze zur Verfügung stehen, ist das Führen mit Machtmitteln ausgesprochen risikoreich. Andere Firmen verfügen ebenfalls über potentielle Arbeitsplätze, so daß der Mitarbeiter dem Druck letztendlich ausweichen kann, indem er sich eine neue Stelle sucht.

Der Einsatz von Machtmitteln mit dem Ziel der Verhaltensänderung des Mitarbeiters kann zunächst einmal erfolgversprechend aussehen – vor allem in Zeiten der Rezession, wo es nicht viele freie Stellen gibt. Viele Führungskräfte sind nach wie vor der Ansicht, daß Mitarbeiter bei Androhung des Arbeitsplatzverlustes mit einem besonderen Leistungseinsatz um den Erhalt ihres Arbeitsplatzes kämpfen werden. Sie setzen dieses Mittel immer noch als Motivationsspritze ein, vor allem in wirtschaftlich schlechten Zeiten.

Für kurze Zeit reagieren die Mitarbeiter vielleicht tatsächlich in der gewollten Weise. Aber sie werden mit solchen Führungsmitteln lediglich mundtot gemacht.

Der Preis, den Führungskräfte für den Einsatz von Machtmitteln zahlen, ist hoch: angepaßte, ängstliche Mitarbeiter, die innerlich gekündigt haben, die nach außen zwar noch Leistung demonstrieren, aber keine wirkliche Leistung erbringen.

Führen durch Ausübung von Macht und Druck zahlt sich auf lange Sicht nicht aus. Innerliche Kündigung und Demotivation bei den Mitarbeitern ist die Folge.

Angst ist ein schlechtes Führungsmittel. Wer Angst hat, verspürt entweder den Drang, zu flüchten oder zu kämpfen. Wer körperlich nicht flüchten kann, weil die Situation das momentan nicht zuläßt, der flüchtet innerlich. Das wirkliche Leben der Mitarbeiter findet dann wahrscheinlich erst nach Feierabend statt.

Aber Positionsmacht umfaßt noch mehr als nur

die Möglichkeit, zu belohnen oder zu bestrafen. Positionsmacht berechtigt einen Vorgesetzten, Mitarbeitern Anweisungen zu erteilen. In der Regel akzeptieren Mitarbeiter Anweisungen eines Vorgesetzten, solange sie nicht als willkürlich empfunden werden. Gebe ich beispielsweise in Seminaren die Anweisung: «Schlagen Sie bitte einmal Seite 7 auf», werden die Gruppenteilnehmer dies ohne weiteres akzeptieren, da ich zu solchen Anweisungen aufgrund meiner Gruppenleitungsfunktion berechtigt bin (wobei auch hier gilt: Der Ton macht die Musik!).

Neben der Positionsmacht verfügt der Vorgesetzte in der Regel auch über fachliche Macht, oder besser gesagt, er besitzt fachliche Autorität. Aufgrund dieser fachlichen Autorität respektieren und anerkennen Mitarbeiter einen Vorgesetzten.

Eine andere Form von Macht möchte ich in Anlehnung an Thomas Gordon als Einfluß bezeichnen. Ein Vorgesetzter besitzt Einfluß auf seine Mitarbeiter, weil diese das Gefühl haben, daß es in ihrer Beziehung zum Vorgesetzten gerecht zugeht. Der Vorgesetzte berücksichtigt die Bedürfnisse der Mitarbeiter, sie fühlen sich ernst genommen und sind motiviert. Einfluß zu haben bedeutet, daß Mitarbeiter sehr viele Dinge von einem Vorgesetzten akzeptieren und annehmen, und zwar einfach, weil die Beziehung stimmt. Sie respektieren ihn und sind sogar bereit, Verhaltensweisen von ihm zu übernehmen, ohne daß auf Belohnung oder Bestrafung zurückgegriffen werden muß.

Einfluß ist besser als Macht. Einfluß kann ein Vorgesetzter auf seine Mitarbeiter aber nur haben, wenn sie ihn akzeptieren und wenn ihre Beziehung zu ihm stimmt.

Im Gegensatz zur weitverbreiteten Meinung, daß der häufige Einsatz von Positionsmacht den Einfluß des Vorgesetzten auf die Mitarbeiter fördert, haben Untersuchungen gezeigt, daß genau das Gegenteil der Fall ist. Der häufige Gebrauch von Machtmitteln kostet Einfluß, da die Beziehungsebene gestört ist. Die negativen Gefühle aus den als autoritär empfundenen Situationen übertragen sich auf ande-

Je mehr Machtausübung, desto weniger Einfluß! Denn Machtausübung stört die Beziehung zu den Mitarbeitern.

re Situationen, in denen die Autorität des Vorgesetzten sonst eigentlich nicht in Frage gestellt worden wäre.

Anweisungen werden dann eventuell nicht befolgt oder auf subtile Art unterlaufen.

Frauen – in der Regel sind sie häufiger in statusniedrigeren Positionen – haben schon oft schlechte Erfahrungen mit dem Einsatz von Machtmitteln gemacht.

Der Führungsstil von Frauen basiert eher auf Motivation durch persönlichen Einfluss

Sie wissen, daß der Einsatz von autoritären Durchsetzungsstrategien sie gute zwischenmenschliche Beziehungen kostet und zu persönlicher Entfremdung und Distanz zu den Menschen führt. Frauen sind daher eher zurückhaltend mit dem Einsatz von Machtmitteln. Sie bevorzugen stärker einen Führungsstil, der auf ihrem persönlichen Einfluß beruht, um andere zu motivieren.

Konflikte und deren Bewältigung

Mobbing: ein Frauenproblem?

Laut der Reportage «Die lieben Kollegen», die am 26.4.1994 im Zweiten Deutschen Fernsehen zum Thema Mobbing ausgestrahlt wurde, sind zwei Drittel derjenigen, die das sogenannte «Mobbingtelefon» nutzen – ein Telefon, an dem Beraterinnen oder Berater Erste Hilfe in Mobbingsituationen geben – Frauen. Die Frage, ob dies nun daran liegt, daß Frauen als Mobbingopfer besser geeignet sind als Männer, oder daran, daß Frauen sich in solchen Fällen eher an Beratungsstellen wenden, wurde nicht beantwortet.

Tatsache ist, daß Mobbing, der Terror am Arbeitsplatz, sich genau auf der Ebene abspielt, auf der Frauen sehr gut wahrnehmen, nämlich auf der Beziehungsebene. Wenn Frauen auf die Akzeptanz ihrer ganzen Person Wert legen, wenn für Frauen Bindung und Nähe bedeutsam sind und wenn Frauen sich nicht als Einzelkämpferinnen sehen, sondern – wie Deborah Tannen es treffend formuliert- «als Individuum in einem Netzwerk zwischenmenschlicher Bindungen», und wenn aus ihrer Sicht das Leben eine Gemeinschaft ist, ein «Kampf um die Bewahrung von Intimität und die Vermeidung von Isolation», dann genau sind sie die Verlierer, wenn andere – ob Frauen oder Männer – Intimität aufheben und sabotieren.

Frauen sind in Mobbingsituationen besonders verletzlich, weil ihnen zwischenmenschliche Beziehungen und ein harmonisches Arbeitsklima wichtig sind .

Wir richten unsere Antennen darauf, was von besonderer Bedeutung für uns ist. Frauen sind sehr empfindsam gegenüber dem, was sich auf der Beziehungsebene abspielt. Wenn ihnen die gute Beziehung entzogen wird, dann leiden sie darunter. Noch stärker leiden sie, weil das Ohr für die Selbstoffenbarung des anderen bei Frauen ebenfalls nicht unbedingt ausgeprägt ist und sie dazu neigen, die Fehler sehr stark bei sich zu suchen. Sie haben den Eindruck, daß andere sie so, wie sie sind, nicht akzeptieren, und stellen sich selbst in Frage. So entstehen Selbstzweifel.

Lohnt es sich, all das in Kauf zu nehmen, diese Energie zu investieren, um so eine Situation durchzustehen? Mit Sicherheit in den meisten Fällen nicht. Wenn Betroffene sich – und in der Bundesrepublik soll es sich da um 1,4 Millionen handeln – einen neuen Arbeitsplatz suchen, ist das nur zu verständlich. Nicht jede oder jeder ist der kommunikativen Sabotage gewachsen.

Meiner Erfahrung nach ist das Problem in vielen Fällen allerdings noch nicht durch den Stellenwechsel gelöst. Die Selbstzweifel, die durch Mobbing entstanden sind, nimmt man oft an den neuen Arbeitsplatz mit. Das Verhalten der anderen hat die Betroffenen insgesamt in Frage gestellt. Eine Interviewpartnerin sagte in dieser Reportage: «Man vermutet von sich selbst, daß man auch etwas dazu beigetragen hat.»

Um sich vor allzu großer Selbstkritik zu schützen – die nämlich kann auch selbstzerstörerisch wirken –, muß das Ohr für die Selbstoffenbarung des anderen weit geöffnet werden. Ziel muß eine realistische Einschätzung der Situation und der eigenen Person sein.

13 Millionen Arbeitnehmerinnen und Arbeitnehmer sind unzufrieden mit ihrem Betriebsklima.

Laut dieser Reportage klagen 13 Millionen Arbeitnehmerinnen und Arbeitnehmer über ihr Arbeitsklima, und es wird geschätzt, daß jeder vierte Gefahr läuft, einmal während seines Berufslebens ein Mobbingfall zu werden.

Männer gehen Konflikte anders an als Frauen

Wer kennt solche Situationen nicht? Walter plant gemeinsam mit seiner Frau Elke den nächsten Urlaub und fragt sie, wohin sie denn gerne fahren möchte.

Elke antwortet daraufhin: «Mach du mal, wird schon o.k. sein.»

Als Walter nach zwei Wochen freudestrahlend nach Hause kommt und zwei Flugtickets nach Mallorca mitbringt, kommt es zwischen ihnen zum Streit. Er hatte etwas ausgesucht, was ihr nicht paßt. Walter versteht die Welt nicht mehr. Er hatte doch das Okay von Elke, daß er die Sache regeln kann!

Elke sieht das jedoch anders. Sie ist nicht enttäuscht, daß Walter Mallorca als Urlaubsziel gewählt hat, sondern daß er es nicht geschafft hat, ihre Bedürfnisse zu erraten. All das hätte nämlich seine ungeteilte Aufmerksamkeit ihr gegenüber bewiesen und natürlich seine Liebe zu ihr. So aber hat sie das Gefühl, daß er sie nicht genug beachtet. Ansonsten wäre es ihm doch möglich gewesen, über angedeutete Signale zu «erraten», daß sie lieber nach Korfu reisen möchte. Sie hatte doch häufiger erwähnt, wie reizvoll sie Korfu findet.

Frauen erwarten oft, dass ihr Gesprächspartner die indirekt mitgeteilten Wünsche und Bedürfnisse errät. Sie setzen bei ihm das gleiche Einfühlungsvermögen voraus wie bei sich selbst. Das führt häufig zu Mißverständnissen und Konflikten.

Ähnlich verhält es sich mit Lisa. Lisa ist Spezialistin im Herausfinden der geeigneten Weihnachtsgeschenke. Während andere sich mühsam um ein Geschenk für Oma, Onkel Herbert und Tante Hilde abmühen, hat Lisa keine Schwierigkeiten, die passenden Präsente zu finden, die garantiert auch alle erfreuen. Sie registriert zum Beispiel schon im Juni sehr genau, was sich ihr Freund wünscht. Alles kein Problem. Oft genug hört Lisa hin, wenn Hans ihr von seinen Wünschen erzählt. Und die sind zahlreich. Kein Wunder also, wenn Lisa stets das passende Geschenk parat hat. Nur – und das ist der Haken an der Geschichte – sie erwartet das auch von anderen.

Lisa ist beispielsweise tief gekränkt, daß Hans mit ihr gemeinsam Geschenke aussuchen geht. «Du weißt doch besser als ich, was du brauchst» signalisiert ihr eben nicht unbedingt Wertschätzung. Während er an seinem Verhalten nichts Problematisches sehen kann, empfindet Lisa dieses Verhalten als mangelndes Interesse an ihrer Person.

Konflikte scheinen hier wieder einmal programmiert zu sein. Wir gehen doch meistens davon aus, daß unser Gegenüber die Welt mit den gleichen Augen sehen muß wie wir.

Aber die Welt eines Wellensittichs ist nicht die Welt eines Kanarienvogels, auch wenn beide fliegen können und Körner fressen.

Elke und Lisa fällt es leicht, die Bedürfnisse ihrer Lieben zu erraten, sich einzufühlen, ohne daß der Partner seine Wünsche explizit äußert. Das gleiche Einfühlungsvermögen verlangen Frauen aber oftmals auch von ihren Partnern.

Einen Wunsch deutlich äußern zu müssen, damit der Partner sich auf ihn einstellen und ihn erfüllen kann, minimiert den eigentlichen Wert der Handlung. «Wenn er mich wirklich lieben würde», so sagen sich viele Frauen, «dann wüßte er, was ich wünsche und brauche. Wenn ich es ihm erst sagen muß, ist es kein Akt der Aufmerksamkeit, der Zuneigung mehr.» Dies ist oft auch einer der Gründe, warum Frauen sich mit ihren Wünschen und Meinungen nicht deutlich artikulieren und eher verdeckt kommunizieren.

Frauen streben nach Konsens: Sie möchten eine weitgehende Übereinstimmung im Denken, Fühlen und Handeln zwischen sich und den Menschen in ihrer Umgebung erzielen.

Frauen bestätigen sich in ihren Beziehungen, indem sie Unterschiede im Denken, Fühlen und Handeln minimieren. Verständlich wird so auch, warum Frauen sich innerlich verschließen, wenn Männer sich gänzlich anders verhalten, als sie selbst es in der gleichen Situation tun würden.

Dementsprechend können wir uns auch erklären, warum sich Frauen sehr schnell persönlich aus Diskussionen und Debatten, in denen das Sprach- und Kommunikationsverhalten der Männer dominiert, zurückziehen.

Diskussionen und Debatten, die gerade von der Austragung unterschiedlichster Positionen leben oder in denen permanent der Versuch unternommen wird, den Gesprächspartner argumentativ aus dem Sattel zu heben, behagen Frauen nicht. Überdeutlich werden hier Gräben sichtbar, die dokumentieren: Du bist anders als ich. Du denkst, fühlst, handelst anders.

«Ich hasse solche Diskussionen», sagte einmal eine Frau zu mir, «und mir ist es völlig unverständlich, wie Männer nach wirklich hitzigen Diskussionen anschließend noch ein Bier trinken gehen können?!»

Männer können gegenteilige Meinungen eher akzeptieren als Frauen. Frauen fühlen sich durch hitzige Diskussionen und Debatten häufig verletzt, weil ihnen die Beziehungsebene eines Gesprächs wichtiger ist als die Sachebene.

Für Frauen unverständlich, für Männer jedoch eine Selbstverständlichkeit.

Während Männer in der Sachdiskussion Prestige gewinnen, indem sie «gute» Argumente finden und damit ihre Person und ihren Status bestätigen, erleben Frauen gegenteilige Meinungen als ein Getrenntsein vom Gesprächspartner.

Frauen stellen Nähe und Bindung her, indem sie Unterschiede negieren mit dem Ziel, die Andersartigkeit des anderen zu verringern. Frauen fühlen sich dadurch mit dem Partner verbunden.

Für die Konfliktbewältigung beziehungsweise Konfliktvorbeugung könnte dies folgendes bedeuten:

Wenn Frauen begreifen, daß das Gegenargumentieren von Männern in Auseinandersetzungen und Diskussionen auch ein Ernstnehmen der Gesprächspartnerin oder des Gesprächspartners bedeutet, somit auch Wertschätzung ist, werden Frauen sich weniger verletzt fühlen.

Eventuell wären sie dann auch in der Lage, Freude an der Sachauseinandersetzung zu finden.

Gleichzeitig sollten Frauen akzeptieren, daß wir Menschen nun einmal verschieden

sind und getrennt voneinander existieren. Dann würde es Frauen leichter fallen, sich angenommen zu fühlen, wenn der Partner anders denkt und fühlt.

Frauen sollten versuchen, weniger nach Bestätigung und Übereinstimmung zu streben. Auch gegensätzliche Meinungen können fruchtbar sein und zu kreativen Lösungsansätzen führen.

Dann bin ich nicht nicht mehr so sehr auf die Bestätigung meines Gegenübers angewiesen, um das Gefühl zu haben, «richtig» zu sein, sondern mir wird es genügen, eine Meinung zu vertreten, die ich für mich als «richtig» erfahren habe.

Innere Autonomie läßt auch äußere Autonomie zu; wir müssen somit das Unabhängigkeitsstreben anderer nicht mehr so stark bekämpfen.

Akzeptieren sollten wir auch, daß der Wunsch vieler Frauen nach totaler Einfühlung des Partners in die eigene Person gerade für Männer eine echte Überforderung darstellt, da diese eine deutliche Sprache gewohnt sind. Gleichzeitig begeben sich Frauen mit diesem Verhalten auch in eine eher passive Rolle. Ihre Bedürfnisbefriedigung hängt dann davon ab, ob der Partner in der Lage ist, Wünsche zu erraten.

Wenn Männer andererseits begreifen, wie wichtig Frauen die persönliche Bestätigung ist, dann wird es für sie einfacher, sich in die entsprechende Richtung zu bewegen.

Männer sprechen eine deutlichere, direktere Sprache als Frauen. Deshalb sollten Frauen nicht immer von ihnen erwarten, daß sie «zwischen den Zeilen lesen».

Wünschen Männer eine stärkere Beteiligung von Frauen in Teamsitzungen oder Diskussionen, dann sollten sie besonders darauf achten, daß sie

- **Frauen mit ihrer Meinung ernst nehmen (sie ausreden lassen, Aufmerksamkeitssignale zeigen, und so weiter),**

- **Frauen auffordern, ihre Meinung zu sagen, indem sie deutlich machen, daß sie deren Meinung interessiert,**
- **ein Klima schaffen, das frei ist von der Abwertung der Meinung anderer.**

Häufig billigen Frauen den Männern eher Rederecht zu als sich selbst.

Sehr viele Frauen billigen Männern ganz selbstverständlich Rederecht zu, sich selbst jedoch nicht. So antwortete mir kürzlich noch eine Seminarteilnehmerin entrüstet auf meine Frage, warum sie denn zu einem bestimmten Thema ihre Meinung nicht einfach kundtue: «Ja, ich kann doch nicht einfach so dazwischenfunken!»

Konflikte sind vielschichtig. Sie haben etwas mit Zusammenstoßen, Zusammenprallen unterschiedlichster Meinungen und Interessen zu tun.

Haben wir in Beziehungen Differenzen, so führen wir diese meist auf gegensätzliche Interessen und Standpunkte zurück und weniger auf das Zusammenstoßen verschiedener Sprachwelten.

Betrachten wir Konflikte aber einmal unter dem Gesichtspunkt, daß Menschen sich zunächst einmal in einer bestimmten Weise verhalten, um gewisse Bedürfnisse – beispielsweise das Bedürfnis nach Nähe oder das Bedürfnis nach Unabhängigkeit und Autonomie – zu verwirklichen, so wird deutlich, daß wir uns vor übereilten Verhaltensinterpretationen schützen müssen.

Beginne ich beispielweise ein Seminar mit der Einstellung, daß Männer mich mit ihrer Art zu reden doch nur niedermachen wollen, wird sich dies letztendlich auch bewahrheiten.

Allein durch meine Voreingenommenheit staue ich Ärger und Aggressionen in mir an, und diesen Ärger werde ich dann auch ausstrahlen. Vielleicht beiße ich schon frühzeitig um mich, nach dem Motto, «Angriff ist die beste Verteidigung», oder ich schütze mich, indem ich mich vor den anderen verschließe. Meinem Gesprächspartner wird dann wahrscheinlich gar nichts anderes übrigbleiben, als sich tatsächlich so zu verhalten, wie ich es prognostiziert habe.

Die autoritäre Führungsmethode

Wer auf die autoritäre Führungsmethode schwört, wird tagtäglich Beweise finden, die seine Annahme erhärten, Menschen seien von Natur aus faul und unselbständig und müßten permanent kontrolliert werden – gerade weil wir mit unseren Vorannahmen letztendlich die Bedingungen schaffen, die unsere These dann tatsächlich bestätigen (nach dem Prinzip der **selbsterfüllenden Prophezeiung**).

Wir erschaffen uns unsere Wirklichkeit zum großen Teil selbst. Unsere Wahrnehmungen und Vorurteile prägen unsere Welt.

«Sehen Sie, ich habe es ja gewußt!» können wir dann triumphierend sagen. So schaffen wir uns tagtäglich unsere Wirklichkeit selbst.

Wenn ich das Verhalten anderer in meiner Wahrnehmung eher interpretiere als beschreibe, dann verhalten Frauen sich **unsicher, ambivalent, können sich nicht entscheiden, denken und handeln aus dem Bauch heraus**.

Männer verhalten sich demgegenüber dann **aggressiv, dominant, rücksichtslos, von oben herab** …

Derartige Bezeichnungen und Etikettierungen kennen wir viele. Bisher hat diese Sichtweise den Geschlechterkampf eher verhärtet als eine Annäherung gebracht.

Persönliche Entwicklung ist jedoch nur möglich, wenn man sich selbst und den anderen akzeptiert und sich gegenseitig verstehen möchte.

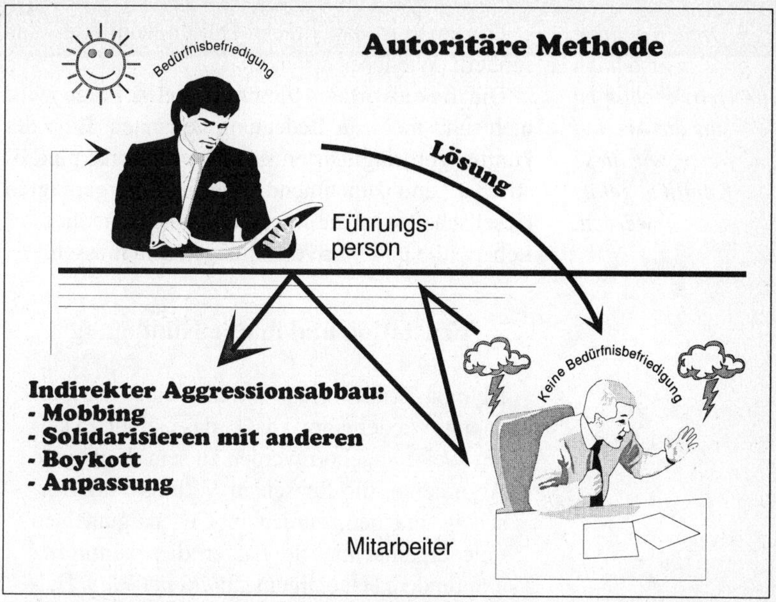

Bei der autoritären Methode werden nur die Bedürfnisse der Führungsperson befriedigt – auf Kosten des Mitarbeiters. Er paßt sich äußerlich an, innerlich stauen sich jedoch Aggressionen in ihm auf. Das wirkt sich negativ auf seine Arbeitsmotivation und auf das Betriebsklima aus.

Konfliktbewältigung in Betrieben

Daß verschiedene Sprachwelten und Gesprächsintentionen im privaten, aber auch im beruflichen Kontext zu Mißverständnissen und Konflikten führen, haben wir bereits erwähnt.

Wie aber gehen die Geschlechter mit Konflikten um?

Konflikte gab und gibt es immer. In jeder Gruppe, in jeder Organisation. Dies ist zwangsläufig so, denn überall dort, wo Menschen zusammenkommen, um miteinander zu leben und zu arbeiten, wird es unterschiedliche Auffassungen darüber geben, wie bestimmte Dinge zu tun oder zu lassen sind.

Ohne Konflikte geht es in keinem Betrieb. Wichtig ist nur die Art und Weise, wie diese Konflikte gelöst werden.

Die Frage ist daher nicht: Dürfen Konflikte sein? sondern: Wie lösen wir sie?

Die Beantwortung dieser zentralen Frage wird mehr und mehr an Bedeutung gewinnen. Eine der künftig vordringlichsten Aufgaben unserer pluralistischen und zunehmend interkulturell geprägten Gesellschaft wird die Integration unterschiedlichster Lebensstile und Wertvorstellungen sein müssen.

Frustation und innere Kündigung

Helmut kommt frustriert aus einer Besprechung. Wieder einmal hat er das Gefühl, in keiner Weise angehört worden zu sein. Viele gute Argumente, die für seinen Verbesserungsvorschlag sprachen, wurden mit Gegenargumenten «niedergemacht». So hat er dies zumindest empfunden. Hauptargument: *«Kein Geld.»* Helmut ist sauer. Demnächst, so schwört er sich, wird er sich gut überlegen, ob er sich so etwas noch einmal antut.

«Sollen die da oben doch sehen, wie sie klarkommen», sagt er sich.

So oder ähnlich geht es vielen Mitarbeitern.

Männer kennen die Spielregeln. Sie bereiten sich in der Regel sehr gut auf Gespräche vor. Argumente werden sorgfältig gewählt und gewichtet. Im Geiste wird das Gespräch «durchgespielt».

Nicht ohne Grund haben Rhetorikseminare bei Mitarbeitern ohne Führungsfunktion Hochkonjunktur.

Auf die Eingangsfrage in Seminaren, was die Teilnehmer und Teilnehmerinnen an persönlichen Zielsetzungen mitbringen, antworten viele: «Meinen Chef mal in Grund und Boden argumentieren, einmal nicht das Gefühl haben, er hat mich argumentativ niedergewalzt.»

Diese Antworten geben Männer wie Frauen gleichermaßen. Niemand liebt es, ständig auf der Verliererseite zu stehen, und Männer schon gar nicht.

Ich glaube jedoch, daß die besten Argumente und Verhandlungstechniken der Welt einen Vorgesetzten nicht überzeugen können, wenn dieser sich nicht überzeugen lassen will – wenn er es mit Statusverlust gleichsetzt, sich überzeugen zu lassen.

Wer status- und machtorientiert ist, der denkt in den Kategorien «oben» und «unten». Sein Handeln wird diesem Denken entsprechen.

Selbst wenn der Mitarbeiter vielleicht die sachlich besseren Argumente hat, heißt dies noch lange nicht, daß er sich in der Sache behaupten kann. Viele Seminarteilnehmer schildern dann auch ziemlich frustriert ihre Erlebnisse, in denen sie mit Schlagworten wie «Das entzieht sich ja wohl Ihrem Urteilsvermögen» schachmatt gesetzt wurden, sobald der Vorgesetzte das Gefühl hatte, sein Status sei durch eine stichhaltige Gegenargumentation gefährdet, oder wie das Gespräch einfach abgebrochen und für beendet erklärt wurde.

Viele Vorgesetzte denken immer noch status- und machtorientiert und wollen sich durch Argumente ihrer Mitarbeiter nicht überzeugen lassen, selbst wenn sie sachlich richtig sind. Argumentationsversuche werden einfach autoritär «abgewürgt».

Führungsschwäche, Status- und Machtrangeleien? Welche Erklärungsmuster gibt es für solch ein Verhalten?

Viele Führungskräfte wurden zunächst einmal fachlich ausgebildet, das heißt, sie sind Spezialisten auf einem bestimmten Fachgebiet, beispielsweise der Betriebswirtschaft, oder vielleicht auch auf einem technischen Gebiet. Psychologische und soziale Kompetenzen haben die meisten nicht erwerben können. Führungsseminare an technischen Hochschulen oder Universitäten, in denen nicht nur kognitives Wissen vermittelt wird, sondern wo man auch soziale und kommunikative Kompetenzen erwerben kann, werden kaum oder gar nicht angeboten.

Die meisten Führungskräfte haben nur fachliche Kompetenzen, aber keine psychologischen und sozialen. Über Mitarbeiterführung lernt man an den Hochschulen wenig.

Aber auch Meistern und Vorarbeitern geht es

nicht anders. Oftmals haben sie zwar den guten Willen zur kooperativen Führung, aber es fehlt ihnen am nötigen Handwerkszeug.

Was Führungskräfte praktisch umsetzen, ist dann oft das, was sie selbst im Umgang mit Autoritätspersonen wie zum Beispiel den eigenen Eltern, Lehrern, Großvätern und Politikern erlebt haben.

Die Bilder von Autoritätspersonen haben wir in uns gespeichert, ohne daß uns dies vielleicht bewußt ist. Selbst wenn wir dieses Führungsverhalten als negativ erlebt haben, wird es der Ausgangspunkt sein für unser späteres Verhalten.

Die permissive Führungsmethode

Ein Sohn, der von seinem Vater geschlagen wird, weil er seine Spielsachen nicht weggeräumt hat, wird ihn in dieser Situation vielleicht für dieses Verhalten hassen.

Ist er noch sehr klein, wird er in diesem Streit ganz sicherlich seine ersten Erfahrungen damit machen, was es bedeutet, ein Verlierer zu sein. Er wird Gefühle der Wut, Ohnmacht, Hilflosigkeit und Demütigung empfinden. Vielleicht überwiegen aber auch Angstgefühle.

Nun wird der Sohn aus diesen Erfahrungen eventuell folgendes lernen: Er wird sich vielleicht schwören, die eigenen Kinder auf keinen Fall so autoritär zu erziehen, wie dies sein Vater getan hat. Dann ist die Wahrscheinlichkeit sehr groß, daß er mit seinen Kindern zu nachsichtig sein wird. Solcherart erzogene Kinder verhalten sich oft anmaßend, sind egoistisch und lernen nicht, die Grenzen anderer zu respektieren, da ihnen selbst keine oder kaum Grenzen gesetzt wurden.

Viele Führungskräfte verhalten sich oft unbewußt so, wie sie es in ihrer Kindheit bei Autoritätspersonen (Eltern, Großeltern, Lehrern) erlebt haben.

Übertragen auf den Führungsbereich kann das heißen, daß wir in Auseinandersetzungen und Konflikten mit anderen Personen lieber klein beigeben,

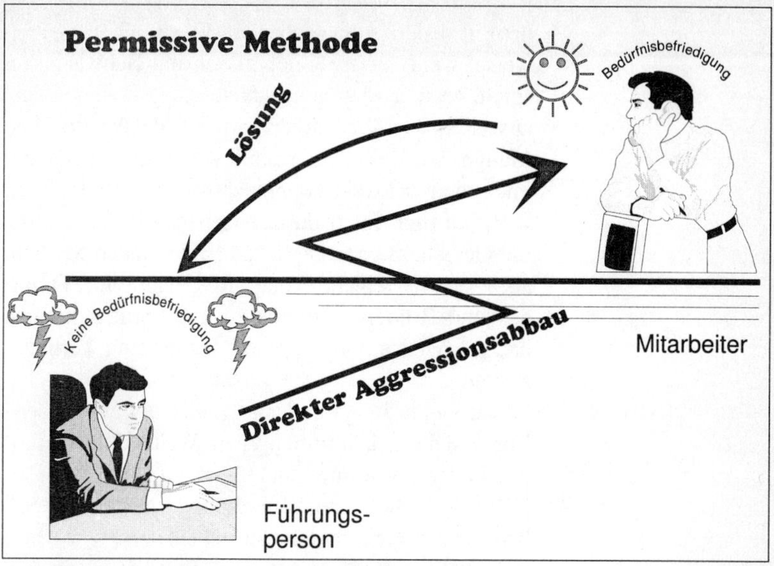

Bei der permissiven Methode geht die Bedürfnisbefriedigung des Mitarbeiters auf Kosten der Führungsperson. Der Vorgesetzte setzt sich nicht durch, weil er auf keinen Fall autoritär sein möchte. Der Mitarbeiter läßt seine Aggressionen am Chef aus.

als uns durchzusetzen. Wir verhalten uns permissiv. Uns durchzusetzen, würde für uns bedeuten, autoritär zu sein, und das wollen wir tunlichst vermeiden.

Das Denken in Sieger-Verlierer-Kategorien

Wer als Kind autoritär erzogen wurde, wird in seinem späteren Leben entweder zu einem permissiven Führungsstil oder zum Denken in Sieger-Verlierer-Kategorien neigen.

Wahrscheinlicher als die dargestellte permissive Reaktionsweise auf autoritäre Durchsetzungsstrategien wird jedoch folgendes sein:

Der Sohn fühlt sich in der Verliererposition. Seinen Vater erlebt er dagegen als stark und mächtig. Immerhin konnte er sich ja gegen ihn durchsetzen. Nun wird sich der Sohn vermutlich zunächst einmal ängstlich von seinem Vater zurückziehen und das von ihm gewünschte Verhalten zeigen. In Situationen, in denen er sich aber mächtig fühlt, beispielsweise, wenn er im Kindergarten mit Schwächeren spielt, wird er seine aufgestauten Aggressionen herauslassen. Darüber hinaus lernt er gleichzeitig eine Menge über das Siegen und Verlieren. «Wenn ich mich nicht schwach, ohnmächtig und hilflos fühlen will, muß ich mich durchsetzen. Wenn nötig auch mit Gewalt.» Die tagtäglichen Bilder in den Medien, aber auch der eigene Alltag im Umgang mit Freunden und Brüdern suggerieren ihm darüber hinaus, daß die Welt aus Kampf, aus Siegen und Verlieren besteht.

Der kleine Junge und später auch der erwachsene Mann sieht sich inmitten einer Welt voller Gefahren, in der man kämpfen muß, um zu überleben. Angriff ist oft die beste Verteidigung, um nicht plötzlich auf der Verliererseite zu stehen.

Später wird er vermutlich einiges daran setzen, berufliche Positionen zu erlangen, in denen er sich nicht so schnell auf der Verliererseite wiederfindet. Dies sind im allgemeinen Führungspositionen, Machtstellungen.

Nun könnte man vermuten, daß diese Entwicklungsprozesse gleichermaßen für Jungen und Mädchen zutreffen müßten.

Männer denken eher in Sieger-Verlierer-Kategorien als Frauen, weil sie schon in ihrer Kindheit zum Konkurrenzdenken erzogen werden.

Das Denken in Sieger-Verlierer-Kategorien ist jedoch bei Jungen wesentlich stärker verbreitet als bei Mädchen. So wissen wir aus zahlreichen soziolinguistischen und sozialwissenschaftlichen Studien, daß Jungen schon sehr früh in ihren Spielen zum Konkurrenzdenken animiert werden. Autoritäre Durchsetzungsstrategien werden bei Jungen mit Stärke gleichgesetzt, Kleinbeigeben wird als Schwäche deklariert.

Für Mädchen gilt genau das Gegenteil.

So wird das gleiche Verhalten geschlechtsspezifisch unterschiedlich bewertet. Mädchen wird, wenn sie miteinander streiten, immer wieder suggeriert: *«Vertragt euch, hört auf, euch zu streiten, es ist nicht schön, wenn Mädchen so miteinander umgehen ...»* Während Jungen sich in einer Welt bewegen, die von Siegen und Verlieren, von Überlegenheit und Unterlegenheit geprägt ist, wird Mädchen in dieser Hinsicht eher ein Konkurrenzverbot auferlegt.

Frauen gestatten sich innerlich oft keinen Sieg

Folgende Geschichte aus einem Seminar mit Sportlern zum Thema mentales Training verdeutlicht das:

Eine Leistungssportlerin nahm regelmäßig mit ihrer Freundin an Leichtathletikmeisterschaften teil. Obwohl sie der Freundin leistungsmäßig überlegen war, verlor sie häufiger wichtige Wettkämpfe gegen sie. Interessant dabei war, daß stets diejenige, die gewann, sich bei derjenigen, die verloren hatte, für ihren Sieg entschuldigte. Manchmal geschah dies einfach, indem die Gewinnerin so tat, als habe sie heute einfach nur ein bißchen mehr Glück gehabt als die Freundin.

Leistungsblockierend wirkte sich hier vor allem für die bessere Sportlerin die Tatsache aus, daß sie glaubte, ein Tabu gebrochen zu haben. Das Tabu lautet: *«Konkurriere nicht mit einer Frau im Leistungsbereich. Besonders schlimm ist es, mit der eigenen Freundin zu konkurrieren und diese zu besiegen. Versuche nicht besser zu sein als sie, sonst wirst du verlieren, was dir wichtig ist: Nähe und Intimität.»*

Mädchen werden eher dazu erzogen, Konflikte kooperativ beizulegen.

Schon sehr kleine Mädchen versuchen, Konfliktsituationen kooperativ zu regeln. Gelingt ihnen dies nicht, geben sie lieber klein bei, als sich auf Kosten eines anderen durchzusetzen. Sie verhalten sich dann permissiv, ordnen sich unter.

Frauen verhalten sich permissiver als Männer

In einem Konfliktbewältigungsseminar geschah folgendes: Die Teilnehmerinnen erhielten Rollenspielkarten, in denen die zu spielende Situation folgendermaßen beschrieben war: *«Konfrontieren Sie bitte eine Freundin, die Sie jetzt schon zum zweitenmal zehn Minuten vor dem Kino hat warten lassen. Sie sind wütend und verärgert über die Unzuverlässigkeit der Freundin, denn Sie versäumen schon wieder einmal den Beginn des Films.»*

Was passiert nun in diesem Rollenspiel?

Die Frauen konfrontieren zunächst einmal die Freundin mit deren Fehlverhalten. Aber das geschieht schon in einer sehr beschwichtigenden Weise, so daß die persönliche Verärgerung kaum mehr zu spüren ist. Mehr als die Hälfte der Frauen fragt auch die Freundin zunächst einmal nach dem Grund des Zuspätkommens. Erst dann bringen die Frauen ihre Kritik vor. Erscheinen die Gründe für das Zuspätkommen plausibel, etwa indem die Freundin auf einen harten Tag verweist, geht die Kritisierende von ihrer Kritik ab.

In einigen Fällen kommt es aber auch zu härteren Auseinandersetzungen mit gegenseitigen Vorwürfen, bei denen zunächst einmal keine von der eigenen Position abgehen will. Aber in keinem der Fälle wird der Freundin mit der Aufkündigung der Freundschaft gedroht. Im Gegenteil, ab einem gewissen Punkt – und zwar in dem Moment, wo die Beziehung durch die verhärteten Positionen ernsthaft zu kippen beginnt – versuchen beide Rollenspielpartnerinnen Kompromisse auszuhandeln. Einige Frauen beschließen, den Kinoabend in einen Kneipenbummel umzuwandeln. Andere bagatellisieren das Problem, indem sie sagen: *«Was regen wir uns wegen solcher Kleinigkeiten auf...»*

In den Situationen, in denen Frauen mit der Durchsetzung ihrer Wünsche nicht weiterkamen, verhielten sie sich scheinbar permissiv, behaupteten sich also nicht.

Und genau dieses Verhalten wird Frauen oft von Männern als mangelnde Durchsetzungsfähigkeit vorgeworfen. Auch in der psychologischen Literatur wird solches Verhalten als «selbstunsicher» deklariert.

Wir sollten jedoch nicht übersehen, daß Frauen auf Selbstbehauptung verzichten, weil ihnen die Bewahrung guter Beziehungen zum Gegenüber wichtiger ist. Sobald Frauen diese Beziehung gefährdet erscheint, handeln sie Kompromisse aus oder setzen Strategien ein, sie wieder ins Lot zu bringen.

Geben Frauen nach, wird ihnen das als mangelndes Durchsetzungsvermögen ausgelegt. Frauen verhalten sich jedoch so, weil ihnen die Bewahrung guter zwischenmenschlicher Beziehungen wichtig ist.

Die Win-Win-Methode

Die ideale Konfliktbewältigungsstrategie baut daher für Frauen auf einer Win-Win-Philosophie auf. Frauen wünschen für sich und die Menschen in ihrer Umgebung Konfliktlösungen, die für beide Parteien gerecht und fair ausgehandelt sind. Dabei ist Frauen die Art und Weise der Konfliktbewältigung oftmals

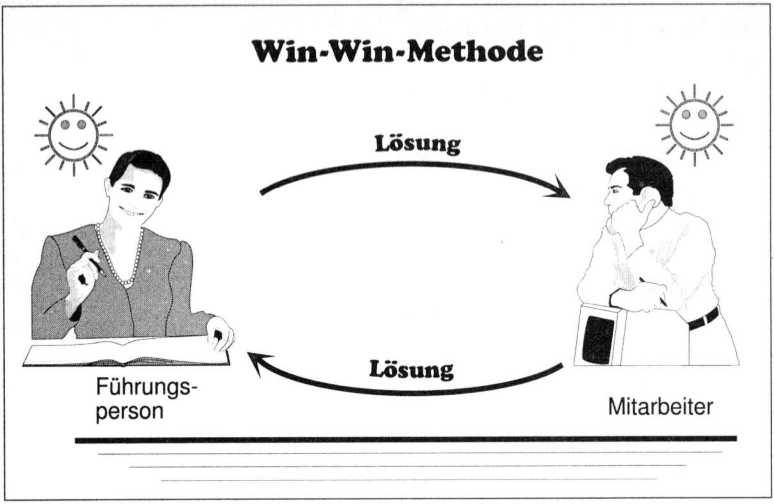

Die Win-Win-Methode (nach Thomas Gordon) sucht nach Lösungen, die für beide Seiten befriedigend und fair sind – nach dem Motto: Keiner verliert. Beide Parteien gewinnen etwas.

wichtiger als das Ergebnis der Verhandlungen – der Weg wichtiger als das Ziel.

Männer setzen in Auseinandersetzungen andere Prioritäten. Ihnen geht es primär um Interessendurchsetzung und weniger um die Bewahrung positiver Beziehungen. So wird bei der Suche nach qualifizierten Führungskräften nach wie vor mehr Wert auf Durchsetzungsfähigkeit gelegt als auf persönliche und soziale Sensitivität.

Für Menschen, die auf Wettbewerb getrimmt sind, bedeutet die Bewahrung guter Beziehungen nichts, weil Nachgeben oder Verhandeln bei ihnen den Beigeschmack des Verlierens bekommt und mit dem Etikett mangelnder Durchsetzungsfähigkeit versehen ist.

Das Denken in Sieg-Niederlage-Kategorien bedeutet immer, daß einer der beiden Konfliktpartner in konträren Auseinandersetzungen als Verlierer aus diesem Gespräch hervorgehen muß.

Wenn der Vorgesetzte in diesen Kategorien denkt,

wird es kaum wahrscheinlich sein, daß der Mitarbeiter, der naturgemäß mit weniger Machtmitteln zur Durchsetzung seiner Interessen ausgestattet ist, auf der Gewinnerseite steht.

Das Prinzip «Ich gewinne – du verlierst» führt auf die Dauer nicht zum Erfolg

Das Verhalten von Menschen orientiert sich immer an Mustern, die uns mehr oder weniger vertraut sind. Wir greifen dabei auf Strategien zurück, die wir als besonders wirkungsvoll erlebt haben. Dies geschieht nicht unbedingt durch eigenes Ausprobieren, sondern wir lernen auch über das Vorbild. Wir schauen uns erfolgreiches Verhalten bei anderen an und imitieren es, wenn es uns erfolgversprechend erscheint. Dabei orientieren sich Frauen und Männer gleichermaßen an gleichgeschlechtlichen Vorbildern.

Das Fatale an der ganzen Geschichte scheint zu sein, daß die meisten Menschen offensichtlich nur wenige Möglichkeiten kennen, Konflikte zu lösen.

Eine Konfliktbewältigungsstrategie, die zunächst einmal sehr erfolgversprechend aussieht und die häufig von Männern gewählt wird, verläuft nach dem Prinzip «Ich gewinne – du verlierst». Ich setze meine Interessen und Bedürfnisse auf Kosten des Gesprächspartners durch. In etwa entspricht diese Konfliktbewältigungsstrategie dem autoritären Prinzip.

Der Vorgesetzte hat letztendlich immer die Möglichkeit, einen Konflikt in dieser Form zu lösen. Der Vorgesetzte beziehungsweise die Organisation besitzt die Mittel, die der Mitarbeiter für seine Bedürfnisbefriedigung benötigt. Er ist also relativ abhängig von seinem Vorgesetzten.

Beispielsweise kann unerwünschtes Verhalten auf seiten eines Mitarbeiters über Abmahnungen, Entzug von Begünstigungen (materieller und immaterieller Art), Verweigerung von Aufstiegs- und Karrierechancen und so weiter sanktioniert werden. Demgegenüber kann konformes Verhalten belohnt werden durch Gewährung von Vergünstigungen wie Lob, Prämienzahlungen, Aufstieg, Gehaltserhöhungen. Da sich der Mitarbeiter dieser Vorgesetztenmacht immer bewußt ist, ist die Wahrscheinlichkeit groß, daß er in einer Konfrontation notfalls klein beigibt, sich also aufgrund der Machtverhältnisse permissiv verhalten muß.

Im Klartext bedeutet dies nichts anderes, als daß er in einem Konflikt den kürzeren zieht.

Viele Männer bewältigen solche Situationen, indem sie die offene Konfrontation zunächst einmal vermeiden, wenn sie sich von vornherein keine Gewinnchance ausrechnen. Sie warten aber auf den Moment, in dem die Karten für sie persönlich gut stehen und eine Revanche sich lohnen könnte. Daß diese Revanche dann nicht immer fair ausgetragen wird und es dann weniger um die Sache selbst als um Statusrangeleien geht, versteht sich von selbst.

Menschen, denen die Befriedigung ihrer Bedürfnisse vorenthalten wird, sind frustriert und wütend, und zwar aus verschiedenen Gründen.

Frustration von Bedürfnissen führt bekanntermaßen zu Aggressionen, aber wer den Eindruck hat, er habe verloren, empfindet dies darüber hinaus auch immer als einen Mangel an persönlicher Wertschätzung.

Männer können besonders schlecht verlieren. Während Frauen in solchen Situationen eher an sich selbst zweifeln («Ich habe es nicht geschafft, ich bin schlecht»), richten Männer ihre Aggressionen eher nach außen, gegen andere.

Ausserdem fühlen sich Menschen in einer solchen Situation hilflos, abhängig und machtlos demjenigen gegenüber, der seine Interessen aufgrund seiner Machtmittel durchsetzen kann.

Diese Situation erinnert den, der «verliert», unbewußt an vergangene demütigende Erfahrungen.

Und gerade Männer sind hier besonders empfindlich. Während die meisten Frauen in solchen Situationen dazu tendieren, ihre Aggression gegen sich selbst zu richten, indem sie sich selber kritisieren, richten Männer ihre Aggressionen mehr nach außen.

Frauen gehen sehr hart mit sich um, indem sie sich selbst beschimpfen nach dem Motto: «Ich habe es wieder nicht geschafft, mich durchzusetzen, ich war nicht gut …»

Männer projizieren ihren Ärger in andere, indem sie über den «inkompetenten Trottel, den ich zum Chef habe» schimpfen.

Verbietet sich der Betroffene dies, schluckt er seinen Ärger hinunter, so kommt es zu den bekannten Folgen: Magengeschwür, Herz- und Kreislauferkrankungen, psychosomatische Beschwerden aller Art.

Wir alle erleben es zunächst einmal als Triumph, wenn wir glauben, uns in einer Situation, die uns wichtig war, durchgesetzt zu haben. Aber die Gewinner von heute sind die Verlierer von morgen.

Wer in Verlierer-Gewinner-Kategorien denkt, leitet, ohne daß ihm dies oftmals bewußt ist, einen Teufelskreis ein. Wer verliert, fühlt sich schlecht. Da die negativen Gefühle aber nicht am Vorgesetzten direkt ausgelassen werden können, wählt der «Verlierer» entweder eine andere ihm gleichgestellte Person, oder er läßt seinen Frust an rangniederen Personen aus. Die Etagen der Betriebe sind voll von solchen «Aggressionsverschiebungen». Überall gibt es Sieger und Verlierer. So entstehen Situationen, die wir alle nur zu gut kennen und schon am eigenen Leib erfahren haben: Andere Personen müssen als Sündenbock für den eigenen Frust herhalten. Das sogenannte «schlechte» Betriebsklima läßt grüßen.

Wer nach dem Prinzip «Ich gewinne – du verlierst» führt, leitet einen gefährlichen Teufelskreis ein: Die Mitarbeiter sind frustriert, kündigen innerlich oder lassen ihre angestauten Aggressionen an anderen Mitarbeitern aus. Das Betriebsklima wird immer schlechter.

Wer die Macht nicht besitzt, sich direkt zu revanchieren, tut dies indirekt. Eine Strategie, um sich wieder mächtig und gut zu fühlen. Beispielsweise kann ein Mitarbeiter sich mit anderen solidarisieren, sich verbünden und verbrüdern, nach dem Motto: Gemeinsam sind wir stark. Oder er macht Dienst nach Vorschrift: erledigt nur das Nötigste, zeigt darüber hinaus keine Initiative. Vielleicht wählt er aber auch die Taktik des Einschmeichelns und Sich-beliebt-Machens. Man zeigt sich dort, wo es wichtig erscheint, von der besten Seite. Welche Taktik der einzelne wählt, hängt von den Bewältigungsstrategien ab, die er in der Kindheit erlernt hat.

Während sich Frauen im allgemeinen stärker zurückziehen (flüchten), indem sie wenig sagen, ängstlich und hilflos reagieren und manchmal auch zu weinen beginnen, tendieren Männer dazu, mit Kampf und (passivem) Widerstand zu reagieren.

Aber wie gesagt: Allgemeingültige Regeln gibt es nicht.

Die Nachteile des Betriebsklimas, das durch ein statusdominantes Verhalten entsteht, sind immens. Beziehungen verschlechtern sich, sind nur noch von gegenseitigem Mißtrauen geprägt, und der persönliche Einfluß des Vorgesetzten auf die Mitarbeiter sinkt. Geführt wird irgendwann nur noch über das Prinzip Anweisung und Kontrolle. Derjenige, der sich häufig aufgrund seiner Machtmittel durchgesetzt hat, erlebt die soeben beschriebenen Konsequenzen seines Handelns allerdings ganz anders. Das plötzliche Schweigen in einer Gruppe, wenn er den Raum betritt, einschmeichelndes Verhalten und die Tatsache, daß niemand ihm widerspricht, sieht er als Bestätigung seiner persönlichen Macht.

Andererseits werden die negativen Verhaltensweisen der Mitarbeiter, wie Krankmachen, innere Kündigung, Tratsch hinter dem Rücken des Vorgesetzten und Intrigen, nicht als Reaktion auf das persönliche Verhalten gesehen. Nein, die Mitarbeiter sind dann «faul, schlecht, warten nur darauf, ihn reinzulegen».

Der Kreis des negativen Weltbilds schließt sich, und damit ist auch die Legitimation für einen statusorientierten Führungsstil gegeben.

Frauen bewältigen Konflikte anders als Männer

Wie schon gesagt: Menschen übernehmen Verhaltensweisen von anderen. Und Menschen denken und verhalten sich oft so, wie man mit ihnen selbst umgegangen ist.

Immer wieder stellen wir fest, daß viele männliche Vorgesetzte eine sehr aggressiv-abwertende Art an den Tag legen, wenn sie jemanden kritisieren, mit dessen Verhalten sie nicht einverstanden sind.

Sie bedienen sich einer statusorientierten Sprache, die viele abwertende Beziehungsbotschaften enthält. Sie geben dem anderen zu verstehen, daß er als Person nicht o.k. ist und sich falsch verhält.

Beispiele für statusorientierte Sprache

- Ein Vorgesetzter findet die Kleidung eines Mitarbeiters nicht angemessen. Er sagt: *«Finden Sie Ihre Kleidung eigentlich geschmackvoll?»* (Die Kritik wird in eine Frage verpackt, die indirekt suggeriert, der andere habe keinen Geschmack.)
- Jemand kommt zu spät zur Arbeit. Der Vorgesetzte sagt: *«Morgen kommen Sie gefälligst pünktlich, sonst brauchen Sie gar nicht mehr zu kommen.»* (Befehl und Drohung.)
- Ein Mitarbeiter hört nicht zu. Der Vorgesetzte sagt: *«Spreche ich eigentlich gegen eine Wand? Legen Sie bitte die Unterlagen zur Seite, wenn ich mit Ihnen rede.»* (Befehl.)
- Ein Posten wurde falsch verbucht. Der Vorgesetzte sagt: *«Meine Güte. Jetzt haben wir schon diese teure EDV-Anlage. Auf wie viele Lehrgänge soll ich Sie denn noch schicken?»* (Sarkasmus, Ironie.)

- Ein Mitarbeiter hat eine Behauptung aufgestellt, mit der der Kollege nicht einverstanden ist. Dieser sagt: *«Sollten Sie Ihre Thesen nicht lieber zunächst einmal auf ihre Stichhaltigkeit überprüfen?»* (Der Mitarbeiter wird belehrt, von oben herab behandelt.)

Diese beispielhaften Äußerungen könnten beliebig ergänzt werden. Allen gemeinsam ist der Versuch, Überlegenheit und Dominanz zu dokumentieren.

Es ist nicht so, daß Frauen sich dieser Sprache grundsätzlich nicht bedienen. Aber da es ihnen weniger um Statusdokumentation und Überlegenheitsdemonstration geht, finden wir diese Sprache bei ihnen weniger häufig.

Eine andere Konfliktbewältigungsstrategie basiert auf dem Prinzip, daß der Gesprächspartner sich in einem Streit mit seinen Interessen durchsetzt, man selbst jedoch die eigenen Interessen und Bedürfnisse nicht verwirklicht.

Frauen stecken bei Konflikten eher zurück als Männer.

Wie schon angedeutet, wählen viele Frauen diese Konfliktbewältigungsstrategie. Für Männer, vor allem in Führungspositionen, ist dieses Konfliktlösungsmodell völlig inakzeptabel.

Während Männer das Aufgeben und Zurückstellen eigener Interessen als Führungsschwäche (und persönliche Schwäche) erleben, handeln viele Frauen nach diesem Prinzip aus der Angst heraus, der andere könnte ihnen böse sein oder sie nicht mehr mögen, wenn sie sich durchsetzen.

Die Angst, aus einer Diskussion, einer Besprechung, einem Konfliktgespräch als Verlierer hervorzugehen, ist bei den meisten Männern übermächtig. Schon allein der Verdacht, der andere könne den eigenen Status gefährden, läßt viele Männer dann in eine aggressiv-abwertende Sprache verfallen.

Der Führungs- und Kommunikationsstil, den man wählt, ist immer das Resultat einer bestimmten inneren Einstellung. Innen und außen entsprechen sich. Gedanken, Wertvorstellungen, Ängste spiegeln sich nach außen wider. Das Bekenntnis zu einem kooperativen Management allein reicht nicht aus.

Wer Konflikt- und Mitarbeitergespräche als Möglichkeit betrachtet, eigene Interessen und Vorstellungen durchzusetzen, macht aus jedem Konflikt- und Mitarbeitergespräch ein Überzeugungsgespräch. In einem solchen Gespräch wird dann alles an Repertoir eingesetzt, was nötig erscheint, um den Mitarbeiter zu überzeugen. Je mehr Widerstände er zeigt, desto härter werden die Bandagen. Der Grat zwischen Überzeugen und Überreden ist dabei schmal.

Viele in dieser Form geführte Gespräche werden dann von Mitarbeitern auch als demotivierend empfunden.

Männer zeigen sich auch in Rollenspielen schnell verärgert, wenn der Mitarbeiter «blockt» oder sich im Ton vergreift, weil er sich mit seinen Interessen im Gespräch nicht berücksichtigt fühlt. Demgegenüber bemühen sich Frauen in Gesprächen aufgrund ihrer Win-Win-Philosophie eher um einen Interessenausgleich, auch wenn er nicht sofort in Sicht ist. Sie verhandeln.

Frauen neigen eher zum Verhandeln als Männer. Ihnen geht es eher um Interessenausgleich als um Interessendurchsetzung.

Folgendes Gesprächsprotokoll wird verdeutlichen, was wir meinen:

Aktives Zuhören und Kompromißbereitschaft löst Konflikte

Ein Vorgesetzter bittet seinen Mitarbeiter darum, Überstunden zu machen.

Der Vorgesetzte schildert sein Problem: *«Herr Müller, wir sind im Moment sehr unter*

Druck. Wie Sie wissen, muß das Projekt bis nächste Woche Mittwoch stehen, sonst werden wir Konventionalstrafe zahlen müssen. Ich möchte Sie bitten, diese Woche etwas länger zu bleiben, da wir dringend Ihre Mitarbeit brauchen.»

Der Mitarbeiter antwortet: *«Es gibt auch noch andere Dinge in meinem Leben als die Firma.»* (Verstehen und den Mitarbeiter akzeptieren heißt hier: die Äußerung des Mitarbeiters nicht bewerten, sondern zuhören. Der Mitarbeiter drückt indirekt seinen Ärger aus. Hier ist es notwendig, zunächst einmal diesen Ärger wahrzunehmen und zu respektieren, um das Klima nicht noch weiter zu vergiften.)

Der Vorgesetzte praktiziert dann auch aktives Zuhören: *«Hört sich an, als sei das Projekt für Sie nicht ganz so wichtig wie für mich!»*

Mitarbeiter: *«Erstens renoviere ich zur Zeit unsere Wohnung, und zweitens sollen wir immer dann Überstunden machen, wenn es gerade der Firma paßt. Wenn ich einmal etwas vorhabe, nimmt da keiner Rücksicht drauf.»* (Der Mitarbeiter ist immer noch wütend, aber das aktive Zuhören seines Vorgesetzten hat ihn zum Weitersprechen motiviert. Der Vorgesetzte kommt nun an das eigentliche Problem heran.)

Der Vorgesetzte antwortet: *«Sie haben im Moment viel um die Ohren. Klingt für mich aber auch so, als ob Sie sich von der Firma ungerecht behandelt fühlen und darum im Moment nicht bereit sind, Überstunden zu machen. So nach dem Motto: Eine Hand wäscht die andere.»* (Er praktiziert wieder aktives Zuhören.)

Mitarbeiter: *«Ja, genau, letzte Woche wollte*

ich eine halbe Stunde früher gehen, weil ich einen dringenden Termin beim Bauamt hatte, aber es wurde abgelehnt.»

Vorgesetzter: *«Gut, daß Sie das jetzt noch einmal ansprechen. Ich habe nicht gewußt, daß der Termin für Sie so wichtig war. Ich denke, daß wir dies beim nächstenmal kooperativer lösen sollten, vor allem, wenn Sie mir sagen, daß der Termin wichtig für Sie ist. Wäre das eine Lösung für Sie?»*

Mitarbeiter: *«Ja, das wäre es.»* (Ist emotional wieder ausgeglichen und aufnahmebereit für das Anliegen des Vorgesetzten.)

Vorgesetzter: *«Aber ich möchte noch mal auf die Überstunden zurückkommen. Unser Projekt liegt mir sehr am Herzen. Es ist mir sehr wichtig, daß wir dieses Projekt pünktlich abschließen. Ich weiß, daß Sie viel zu tun haben. Wäre es nicht dennoch möglich, daß Sie an einem oder zwei Tagen in der Woche länger bleiben?»*

Mitarbeiter: *«Gut, ich bin einverstanden. Ich wußte nicht, daß das Projekt Ihnen so am Herzen liegt. Aber die angefallenen Überstunden möchte ich so schnell wie möglich in die Wohnungsrenovierung stecken, wenn das Projekt abgeschlossen ist.»*

«Natürlich, einverstanden!»

Lege ich dieses Gesprächsprotokoll Männern vor, sagen diese spontan, daß sie diese Form der Gesprächsführung niemals durchhalten würden.

Schon bei dem ersten Einwand des Mitarbeiters wären sie «an die Decke gegangen».

Frauen können sich diese Form der Gesprächsführung jedoch sehr gut vorstellen und sind begeistert von der kooperativen Form der Konfliktbewältigung.

Männer denken in Lösungen

«Für konstruktive Kritik bin ich immer zu haben. Meine Mitarbeiter dürfen mich und die Sache kritisieren, sooft sie wollen, aber dann will ich auch wissen, wie wir es anders machen sollen.» So ein Bereichsleiter im Anlagenbau.

Männer versuchen Probleme rational-analytisch zu lösen.

Männer denken tendenziell in Lösungen. Sie erkennen ein Problem und entwickeln Ideen, wie das Problem zu lösen ist. Sie verhalten sich Problemen gegenüber rational-analytisch.

«Komm mir bloß nicht mit einem Problem und hab keine entsprechende Lösung parat, wie wir die Sache in den Griff bekommen können», diese Botschaft steckt in dem Zitat des Bereichsleiters. «Wenn du Probleme nicht lösen kannst, ist es besser, du hältst sie verdeckt», ist vielleicht sogar sein Appell.

Männer verstehen sich als Problemlöser. Gegen dieses Verständnis ist prinzipiell nichts einzuwenden. In Konflikt- und Problemlösungsgesprächen kann jedoch das Denken in diesen Kategorien manchmal konstruktive, vor allem aber kooperative Prozesse verhindern.

Das «Denken in Lösungen» ist nicht immer konstruktiv

In einem Rhetorikseminar schilderte eine Mitarbeiterin einer Organisation folgenden Vorfall:

Ihr Vorgesetzter hatte bemerkt, daß in einem Raum, in dem sich Akten und andere wichtige

Dokumente befanden – der Raum war bis zu diesem Zeitpunkt allen Mitarbeitern zugänglich –, einige Akten nicht dort waren, wo sie hingehörten. Nachdem er eine Stunde nach einer Akte gesucht hatte, entschied er sich zu folgender Lösung des Problems: Er gab am nächsten Tag die Anordnung bekannt: *«Alle Akten werden noch einmal daraufhin geprüft, ob sie richtig abgelegt sind. Diese Aufgabe wird eine Angestellte übernehmen, die für diese Arbeit am Freitag abgestellt wird. Des weiteren wird der Raum abgeschlossen, und den Schlüssel erhalten nur noch zwei Angestellte, die für die korrekte Handhabung der Aktenablage zuständig sind.»*

Es braucht wohl nicht erwähnt zu werden, daß nach dieser «Anordnung» in der gesamten Abteilung einige Wochen lang Chaos herrschte.

Warum?

Zunächst einmal wurde die Anweisung selbst als autoritär empfunden. *«So lassen wir nicht mit uns umgehen»*, meinten einige aus der Belegschaft. Andere fühlten sich ungerecht behandelt. Sie hatten aus der Anordung des Vorgesetzten einen Vorwurf herausgehört: *«Weil ihr nicht in der Lage seid, Ordnung zu schaffen, sperre ich euch den Raum ab.»* Wieder andere fühlten sich mit dieser Anordnung in ihren eigenen Interessen bedroht. Mußten sie doch jedesmal, wenn sie etwas aus dem Raum benötigten, zunächst einmal den Schlüssel holen. Die Mitarbeiterin, die die Akten an dem besagten Freitag sortieren sollte, hatte selbstverständlich für sich selbst an diesem Tag andere Prioritäten gesetzt. Sie mußte ihren Arbeitstag völlig umstrukturieren und erlebte das Verhalten des Vorgesetzten als willkürlich und rücksichtslos ihren eigenen Interessen gegenüber.

Der Vorgesetzte selbst bezeichnete die Reaktionen seiner Mitarbeiter auf seine Anordung als überzogen. Das verschärfte die emotional angespannte Situation noch und ließ den Konflikt eskalieren. Einige Mitarbeiter weigerten sich, den Raum überhaupt noch zu betreten. Eine Angestellte wollte sich in eine andere Abteilung versetzen lassen.

Der Vorgesetzte selbst verstand die Welt nicht mehr. Er hatte doch nur das getan, wofür er seiner Meinung nach bezahlt wurde und was auch sein eigenes Selbstverständnis als Führungskraft ausmachte, nämlich Probleme erkannt und Lösungen entwickelt, um das Problem aus der Welt zu schaffen. Mit diesem Verhalten hatte er jedoch eine Menge neuer Probleme geschaffen. Vor allem verschlechterte sich das Klima in seiner Abteilung, und die Mitarbeiter gingen auch in anderen Situationen in Opposition.

Heute wollen Mitarbeiter in Problemlösungs- und Entscheidungsprozesse eingebunden werden. Wenn Führungskräfte sich über diesen Wunsch hinwegsetzen, sind Konflikte programmiert.

Es gibt unzählige andere Beispiele, in denen scheinbar harmlose Situationen einen Kleinkrieg in den Abteilungen entfacht haben, nur weil «in Lösungen gedacht» wurde. Störungen auf der Beziehungsebene lassen dann effektive Sacharbeit fast unmöglich werden, weil einsame Entscheidungen und Problemlösungen heute unweigerlich mit dem Bedürfnis der Mitarbeiter kollidieren, in Entscheidungs- und Problemlösungsprozesse eingebunden zu werden.

Einsame Problemlösungen kollidieren auch mit den Problemlösungen anderer Mitarbeiter, die andere Vorstellungen davon haben, wie das Problem angegangen werden könnte. Dann geht es in Diskussionen oftmals nicht mehr um die Klärung der Sache selbst, sondern darum, wer von den beiden Kontrahenten die beste, intelligenteste Lösung hat. Es geht darüber hinaus sehr schnell wieder um persönliche Profilierung, darum, den Konkurrenten auszustechen.

Die Befürchtung der meisten Frauen, autoritär, von oben herab zu wirken, und ihre Angst vor Beziehungsstörungen läßt sie zu anderen Problembewältigungsmustern gelangen. Sie neigen weniger dazu, in Lösungen zu denken (da sie sich auch nicht als «Problemlöserinnen» sehen).

Frauen neigen eher dazu, das Problem zu schildern und die Mitarbeiter um Kooperation zu bitten. Gemeinsam sucht man dann nach einer Lösung.

Frauen schildern dann oftmals zunächst einmal nur das Problem und erbitten ein kooperatives Angebot: «Was meinen Sie, wie wir das lösen können?»

Die meisten Männer neigen eher zu folgendem Dialog: «Frau Wegner, in Ihrem Brief sind mehrere Rechtschreibfehler. Bitte schreiben Sie den Brief noch einmal neu.»

Eine Frau würde die Kritik vermutlich folgendermaßen formulieren: «Frau Wegner, in Ihrem Brief sind mehrere Rechtschreibfehler. Ich weiß, Sie hatten heute einen hektischen Tag, aber mir wäre es sehr peinlich, wenn dieser Brief so an unsere Kunden herausginge.»

Frauen geben mit dieser Vorgehensweise keine Problemlösung vor, sondern bitten um kooperative Hilfe: «Hilf mir, mein Problem zu lösen», statt «Löse das Problem folgendermaßen ...»

Selbst dann, wenn Frauen eigentlich schon klare Vorstellungen davon haben, wie ein Problem denn nun zu lösen sei, handeln sie in der beschriebenen Weise. Ihr Bestreben, den anderen nicht zu überfahren, ihn in Entscheidungs- und Problemlösungsprozesse mit einzubeziehen, läßt sie offener für Vorschläge anderer sein.

Da die meisten Männer sich als Einzelkämpfer

verstehen, fällt ihnen diese Art der Problembewältigung schwer. Für Frauen ist es kein Problem, andere um Hilfe zu bitten. Zeit ihres Lebens haben sie gelernt, auf die Hilfe anderer zurückzugreifen. Das Selbstverständnis der Männer ist hier wieder einmal ganz anders: Um Hilfe bitten müssen bedeutet für sie, sich in eine schwächere, abhängigere Rolle zu begeben. Sie, die in ihrem Selbstverständnis die Macher, die Aktiven, die Problemlöser, die Helfer sind, sollen nun Hilfe erbitten? Ihnen erscheint es einfacher, Anweisungen zu geben, Lösungen vorzugeben und anschließend «Überzeugungsarbeit» zu leisten.

Männer empfinden es als ein Zeichen von Schwäche, jemand anderen um Hilfe zu bitten.

Aus der Motivationsforschung wissen wir heute, daß eine der Hauptaufgaben einer Führungskraft darin besteht, eine Synergie zwischen den Organisationsinteressen und den Interessen und Bedürfnissen der Mitarbeiter herzustellen. Das heißt auch, daß dem Vorgesetzten ein Interessensausgleich, eine Win-Win-Philosophie am Herzen liegen sollte.

Diese Philosophie zu verwirklichen wird jedoch fast unmöglich, wenn bei Interessenskollisionen zwei konträre Lösungen miteinander konkurrieren. Der Versuch, sie unter einen Hut zu bringen, macht Lösungen nach der Sieg-Niederlage-Methode wahrscheinlich.

Zwei Beispiele für konträre Lösungen

- Aus Rationalisierungsgründen soll eine Abteilung, die nicht wirtschaftlich arbeitet, geschlossen werden. Die betroffenen Arbeitnehmer laufen Sturm, da sie ihre Arbeitsplätze gefährdet sehen, und legen ihre Arbeit nieder.
- Ein Sachbearbeiter muß bis zum Wochenen-

de einen Bericht fertiggestellt haben. Er bittet seinen Kollegen aus der EDV-Abteilung, ihm ein spezielles Statistikprogramm zu installieren, damit er auf seinem PC mit diesem Programm arbeiten kann. Der EDV-Spezialist lehnt dies ab, da er noch andere Aufträge zu erledigen hat.

In diesen Fällen konkurrieren verschiedene Lösungen miteinander, über das Problem wird jedoch nicht gesprochen, und noch weniger werden gemeinsame Lösungen für das Problem gesucht.

Im ersten Fall glaubt der Betrieb, das finanzielle Problem lösen zu können, indem die Abteilung geschlossen wird. Die Mitarbeiter fühlen sich bei dieser Lösung mit ihren Interessen nicht berücksichtigt. Eine bessere und konfliktärmere Vorgehensweise könnte darin bestehen, die Tatsachen so früh wie möglich auf den Tisch zu legen und an die Belegschaft folgende Fragen zu stellen: «Wir fahren in diesen und jenen Bereichen nicht kostendeckend. Wo können wir sparen, Kosten senken, produktiver wirtschaften? Wo sehen Sie beispielsweise Möglichkeiten, den Ausschuß in der Produktion zu verringern?»

Gemeinsam entwickelte Lösungen sind kreativer und werden von den Mitarbeitern eher akzeptiert.

Lösungen sind kreativer, wenn sie von mehreren Personen entwickelt werden. Sie werden dann auch erwiesenermaßen eher von allen Beteiligten akzeptiert. Das Denken in Lösungen verhindert so oftmals kreative Entwicklungsprozesse. Schon Thomas Gordon stellt in seinem Buch «Die Managerkonferenz» die Frage, wer denn wohl effektivere und kreativere Konflikt- und Problemlösungen entwickeln würde, der Vater im Alleingang oder die Familie und der Vater zusammen?

Klare Kommunikation

«Sag doch, was du willst!»

In unseren Seminaren stellen wir immer wieder fest, daß die Einhaltung der Kommunikationsregel: «Sprich per Ich und nicht per Man» aus der «Themenzentrierten Interaktion» von Ruth Cohn für Frauen ebenso schwierig zu befolgen ist wie für Männer.

Dies hat jedoch verschiedene Gründe.

Mit der Ich-Sprache drücke ich aus, daß meine Wahrnehmungen und Eindrücke subjektiv sind.

Ich-Botschaften teilen im Gegensatz zu Du-Botschaften oder Man-Sätzen viel von mir, meinen Wertvorstellungen und Bedürfnissen mit.

Ich-Botschaften sind persönliche Botschaften, und eigentlich wäre zu vermuten, daß Frauen stärker zu Ich-Botschaften neigen als Männer. Aber Ich-Botschaften sind auch Formen klarer Kommunikation und machen mich als Person transparent. Mit Ich-Botschaften übernehme ich die Verantwortung für meine Äußerungen, meine Wertvorstellungen und meine Bedürfnisse.

So macht es einen gravierenden Unterschied, ob ich sage: «Ich bin wütend, weil ich so lange warten mußte, ich hasse es, wenn ich irgendwo herumstehe» oder ob ich lediglich mit einem ärgerlichen Gesicht meinen Unmut ausdrücke. Oder ob ich sage: «Es stört mich, wenn die Musik so laut spielt» statt: «Man sollte nicht so laut Musik hören.»

Vermeiden Sie «Man-Aussagen» («So etwas macht man nicht») und «Du-Aussagen» («Du verhältst dich falsch»).

Kommuniziere ich indirekt, indem ich nicht klar und deutlich sage, was mich ärgert oder was für Bedürfnisse ich habe, steht mir damit immer die Möglichkeit offen, mich elegant aus der Affäre zu ziehen.

Angesprochen auf meine ärgerliche Miene, kann ich dann immer noch behaupten, ich sei gar nicht ärgerlich.

Wer die Ich-Sprache verwendet, übernimmt damit die Verantwortung für seine Interessen, Wertvorstellungen und Wünsche.

Männer wenden gegen die Regel «Sprich per Ich und nicht per Man» oft ein, daß die Ich-Sprache eine subjektive Sprache sei und ihrem persönlichen Anspruch nach objektiver Sachlichkeit widerspreche.

Männer bevorzugen eher die Verwendung von Man- oder Wir-Sätzen. Dies vor allem dann, wenn sie öffentlich vor Publikum reden. Persönliche Aussagen werden versachlicht: «Das kann man doch so nicht sehen» statt «Ich sehe das anders».

Frauen tendieren eher zum indirekten Ausdruck ihrer persönlichen Wünsche und Forderungen.

Die Aussage: «Es ist kalt» kann so durchaus die Bedeutung von «Mir ist kalt» erhalten, verbunden mit der Aufforderung: «Kümmere dich um mich!»

Interessant wird die Kommunikationssituation, wenn ein Mann auf der Sachebene antwortet und sagt: «Es ist nicht kalt.» Kommunizieren Frauen indirekt, indem sie es vermeiden, offen Forderungen zu stellen wie: «Kannst du bitte das Fenster schließen», so tun sie dies oft aus der Angst heraus, eigene Ansprüche direkt anzumelden.

Die «Sprich-per-Ich-und-nicht-per-Man»-Regel verfolgt das Ziel, klare Verantwortlichkeiten im Hinblick auf Aussagen und Äußerungen zu schaffen. Mit der Man-Sprache (Beispiel: «Man sollte nicht während der Arbeitszeit Zeitung lesen») versteckt die betreffende Person ihre persönlichen Wertvorstellungen oder Motive hinter einer scheinbar objektiven Aussage. Die Identifikation mit angeblich nicht hinterfragbaren Maßstäben, Werten und Richtlinien macht nicht nur persönlich unangreifbar, sondern ist auch ein rhetorisch geschicktes Mittel, subjektive Aussagen zu objektivieren und Wahrheitsansprüche auf die eigene Meinung anzumelden.

Ähnlich verhält es sich mit Wir-Sätzen wie: «Jetzt wollen wir erst mal folgende Fragen klären ...» oder «Wir sind alle der Meinung, daß es so nicht mehr weitergehen kann ...» und so weiter.

Männer verwenden häufig «Man-» oder «Wir»-Formeln, um ihren Aussagen einen sachlichen, objektiven Anstrich zu verleihen.

Da die meisten Männer sehr viel Wert auf die Objektivität ihrer Aussagen legen (objektive Aussagen sind kompetente Aussagen), wird verständlich, warum Männer häufiger «Man-Sätze» formulieren, statt Ich-Aussagen zu verwenden. Subjektive und damit angreifbare Aussagen werden somit unterlassen. Hinzu kommt, daß der häufige Gebrauch einer verallgemeinernden Man- oder Wir-Sprache Distanz zum Gesprächspartner schafft, da es sich meist um unpersönliche Aussagen handelt. In hierarchischen Strukturen, in denen Status auch Distanz zum Gesprächspartner impliziert, macht diese Sprachkultur durchaus Sinn.

Für eine lebendige dialogische Kommunikation und das Arbeiten in einer kohäsiven Gruppe oder einem Team, in dem es darum geht, daß alle Teilnehmer und Teilnehmerinnen mit ihren Beiträgen Wertschätzung erhalten und sich einbezogen fühlen, ist sie jedoch problematisch.

Sätze wie: «Das kann man so nicht sehen» übermitteln auch die Botschaft an den Gesprächspartner: «Ich kann beurteilen, ob du das so sehen darfst» und bergen damit stets das Risiko in sich, daß der Partner darauf mit Widerstand und negativen Gefühlen reagiert.

Frauen sprechen eine persönlichere Sprache

Frauen verwenden nachweislich eine persönlichere Sprache als Männer. Dies belegen zahlreiche Untersuchungen. Sie bringen auch in öffentlichen Redebeiträgen mehr eigene Erfahrungen ein. Während Männer ihre Thesen überwiegend mit Fakten und empirischen Untersuchungen zu untermauern versu-

Test:
Was bedeutet selbstbewußtes Auftreten für Sie?

Wenn es um das Thema Selbstbewußtsein und Selbstbehauptung geht, werden viele hellhörig. Denn selbstverständlich ist genau so ein Auftreten in unserer Gesellschaft gefragt. Deshalb ist es wichtig, daß Sie sich einmal darüber klarwerden, was Selbstbewußtsein und selbstsicheres Auftreten für Sie eigentlich bedeutet – und wie es sich sprachlich äußert.

Formulieren Sie bitte ganz ehrlich, welche Eigenschaften Sie mit Selbstbewußtsein und Selbstbehauptung verbinden. Auch, welche Sprache Sie damit assoziieren.

____

____

____

____

____

Bitte beschreiben Sie in subjektiven Stichworten, wie Sie bisher die Sprache des anderen Geschlechts wahrgenommen haben.

____

____

____

____

chen, flechten Frauen ihre persönlichen Erfahrungen in ihre Argumentation ein. Dies empfinden viele Männer als unsachliche Argumentation und Sprachform, die für sie generell im Geschäftsleben nichts zu suchen hat.

Männer empfinden die persönlichere Sprache von Frauen oft als unsachlich. Sie trennen strikt zwischen privater Welt und Berufswelt.

Männer halten dabei eine strikte Trennung zwischen privater und beruflicher Lebenswelt ein, die sich in einer Faktensprache niederschlägt. Für Frauen gilt diese Trennung nicht.

Während Männer den Sprachstil der Frauen als unsachlich empfinden, vermissen Frauen an der «Männersprache» gerade die persönlichen Anteile; diese Sprache ist ihnen zu sehr auf abstrakte Sachebenen abgehoben.

Mit der Schilderung persönlicher Erfahrungen versuchen Frauen, die Distanz zum Gesprächspartner zu überwinden. Sie lassen andere an der eigenen persönlichen Welt teilhaben und signalisieren damit: Vertrau mir, öffne dich mir, mach dich auch transparent. Die Distanzsprache des Mannes, als Antwort auf ihr Beziehungsangebot, empfinden Frauen oft als tiefe persönliche Kränkung. Frauen beachten dabei jedoch nicht, daß Männer ihr Beziehungsangebot nicht aus persönlichen Gründen ablehnen (nach dem Motto: Ich mag Sie nicht), sondern weil sie sich im Geschäftsleben im allgemeinen distanzierter verhalten als Frauen.

Frauen versuchen die Distanz zum Gesprächspartner zu überwinden – Männer verhalten sich distanzierter.

Ich denke, ich glaube, ich meine…?

«Ich denke, die Unterlagen liegen auf Ihrem Schreibtisch», sagt Frau Schmidt zu ihrem Chef.

Der widerspricht mit Vehemenz: «Da liegen sie nicht!» Frau Schmidt weiß aber mit ganz großer Sicherheit, daß sie genau da liegen. Dennoch ist sie durch die barsche Aussage ihres Chefs leicht verunsichert. Eine Stunde lang werden nun die Unterlagen gesucht. Und wo lagen sie? Auf dem Schreibtisch des Chefs.

«Ich finde, die Umstrukturierung der Firma ist eine gute Idee, weil die einzelnen Abteilungen aus folgenden Gründen effizienter arbeiten können», sagt Frau Müller und begründet ihre Aussage.

Der Kollege meint: «Die Idee ist schlecht.» Die anderen nicken. Er hat behauptet, ohne zu begründen, und hat sich damit durchgesetzt.

Frauen sprechen sehr oft mit Hilfe von Ich-Formeln, selbst dann, wenn sie etwas ganz sicher wissen.

Ich nenne diese Formulierungen bewußt Ich-Formeln; so will ich sie von den sogenannten Ich-Botschaften, die für selbstbehauptendes Auftreten sehr wichtig sind, unterscheiden. Tatsächliche Ich-Botschaften sind stimmig und eindeutig.

Frauen formulieren häufig Wirklichkeiten erster Ordnung – also Fakten – subjektiv mit Hilfe der Ich-Formeln.

Frauen sagen oft: «Ich denke/Ich glaube/Ich meine …», auch wenn sie sich ihrer Sache ganz sicher sind, weil sie den Gesprächspartner nicht «überfahren» wollen.

«Ich glaube, es handelt sich um 95 Prozent», sagt Frau Schwarz. Sie weiß es ganz genau. Dennoch versucht sie, ihr Wissen anderen nicht «aufzuschwatzen», sondern gestattet durch die Verwendung der Ich-Formel den anderen ein Vetorecht, von dem sie leichter Gebrauch machen können, als wenn jemand sagt: «Es handelt sich um 95 Prozent.»

Frauen laden durch solche Formulierungen zum kommunikativen Austausch ein. Sie signalisieren partnerschaftliche Gesprächsabsichten nach dem Motto: Wenn du eine andere Meinung, andere Informationen und so weiter hast, sage mir das bitte. Durch die Verwendung der Ich-Formel subjektivieren sie ihre Aussagen und signalisieren, es muß nicht der Weisheit letzter Schluß sein.

Männer formulieren ihre Aussagen kategorischer, behauptender. Deshalb wirken die Formulierungen von Frauen auf sie oft unsicher.

Diese Formulierungen bereiten Frauen untereinander keine Probleme. Sie verstehen damit umzugehen; sie wissen zum Beispiel, daß Frau Schwarz sich ganz sicher ist, daß es sich um 95 Prozent handelt. Schwieriger ist dies im Umgang mit Männern. Sie formulieren fast grundsätzlich in kategorischer Form.

Ein Kollege von mir fuhr mit einer Mitarbeiterin nach Berlin. Beide kennen Berlin nicht sehr gut. Nachdem sie aus dem Zug gestiegen sind, kommt jemand auf sie zu und fragt sie nach dem Taxistand. Mein Kollege und die Mitarbeiterin schauen sich an; beide haben nur eine ungefähre Ahnung. Zur gleichen Zeit beantworten sie die Frage. Er sagt: «Zum Taxistand geht es da lang»; die Mitarbeiterin sagt: «Ich glaube, zum Taxistand geht es da lang.»

Ob der Taxistand tatsächlich da war, wußten letztlich beide nicht. Natürlich wirkte der Kollege in seiner Aussage sicherer, behauptender. In der Formulierung hatte die Mitarbeiterin recht, sie konnte sich genausowenig sicher sein wie der Kollege. In der Wirkung allerdings war die Formulierung des Kollegen bestimmter. So als habe er recht. Aber das kann nicht das Ziel sein, sondern es muß darum gehen, wer letztlich recht behält.

Durch die Verwendungen solcher Ich-Formeln nehmen sich Frauen Durchsetzungsfähigkeit und selbstbehauptendes Auftreten; sie wirken dadurch weniger selbstsicher als Männer. Wenn dann noch eine sehr stille und zurückhaltende Person sich solcher Formulierungen bedient, wird sie leicht überhört.

Zum einen nehmen sich Frauen durch solche Ich-Formeln Selbstbehauptung, zum anderen lassen sie sich meiner Erfahrung nach genau durch das scheinbar sachliche und behauptende Formulieren der Männer verunsichern.

Wenn Sie sich Ihrer Sache ganz sicher sind, sollten Sie das auch so formulieren.

Problematisch werden Ich-Formeln vor allem in Aussagen wie: «Ich glaube, ich finde das Kleid sehr schön, das nehme ich» oder «Ich glaube, ich gehe jetzt!»

Frauen sollten sich darauf besinnen, bei Sachverhalten und Dingen, bei denen sie ganz sicher sind, auf Ich-Formeln zu verzichten.

Ähnlich verhält es sich mit der Infragestellung

bestimmter Aussagen: «Das Essen hat gut geschmeckt, oder?» sagt die Ehefrau zu ihrem Mann im Restaurant. Nichts anderes bedeutet dies für eine Frau als «Das Essen hat gut geschmeckt», allerdings partnerschaftlich formuliert, denn sie versucht jetzt ihren Mann in das Gespräch mit einzubeziehen. Sie erwartet, daß er nickt beziehungsweise sie bestätigt.

Auf andere kann diese Aussage unsicher wirken.

Selbstdarstellung von Frauen

Frauen schwächen ihre Aussagen ab durch:

- unnötigen Gebrauch des Konjunktivs: «Ich würde sagen, ...»
- Partikel: «bißchen, eigentlich, vielleicht ...»
- Entschuldigungen
- Aussagen, die durch Anhängsel zu Fragen werden: «Das ist doch wahr, oder?»

Frauen handeln nach dem Motto:

- Eigenlob stinkt
- sie verwenden selbstabwertende Äußerungen wie: «Ich bin nur Hausfrau?...»
- sie drücken sich indirekt aus: «Willst du nicht noch ein bißchen bleiben?» statt: «Bleib bitte noch!»

Techniken der Selbstabwertung bei Frauen:

- unnötiges Zugeben von Schwächen und Fehlern: «Ich brauch' immer so lang.»
- Abwertung des Werdegangs oder Berufs
- unnötiges Entschuldigen
- Witze auf eigene Kosten
- rechtfertigen von nicht rollenkonformem Verhalten
- betonen von rollenkonformen Verhalten: «Bin brav auf das Gymnasium gegangen!»

Gudrun Fey: Sprechen Frauen anders? Selbstdarstellung von Frauen in Rhetorikseminaren. In: Rolf G. Lehmann (Hg.), Forum Aus- und Weiterbildung.

Ähnlich verhält es sich mit Aussagen wie: «Irgendwie hat es sich gelohnt, daß wir den neuen Computer angeschafft haben.» «Ich kann irgendwie nicht mehr zuhören.» «Irgendwie hätte ich Lust, mal was ganz anderes zu machen.» «Eigentlich habe ich noch Hunger» und so weiter.

Diese Formulierungen nehmen Aussagen die Bestimmtheit und klingen unverbindlicher. Letztlich möchte sich die Sprecherin oder der Sprecher nicht ganz festlegen, unverbindlich bleiben. Diese Formulierungen verselbständigen sich in der Sprache sehr schnell. Sie werden ohne Funktion verwendet und machen – wenn die Körpersprache noch unterstützend wirkt – einen unsicheren Eindruck. Auch viele Männer verwenden diese Phrasen. Meine Seminarerfahrung zeigt jedoch, daß Frauen sie häufiger verwenden.

Das gleiche gilt für die Verwendung des Konjunktivs: «Ich würde sagen, daß das kein Problem ist.» Auch hier nehmen sich Frauen durch die Formulierung zurück.

Grundsätze für das Kritikgespräch

Noch mal zurück zu den tatsächlichen Ich-Botschaften. In vielen Zusammenhängen sind sie unerläßlich, und zwar vor allem bei Kritikgesprächen. Kritikgespräche sind für die meisten Menschen sehr schwierig. Allerdings habe ich die Erfahrung gemacht, daß sie Frauen schwerer fallen als Männern.

Bei Kritikgesprächen sind vorsichtige Andeutungen nicht angebracht. Die Kritikpunkte müssen in aller Deutlichkeit angesprochen werden.

Frauen haben die Sorge, daß sie den Gesprächspartner oder die -partnerin verletzen könnten – dabei denken sie an das große «Beziehungsohr». Viele Frauen machen Andeutungen und meinen, daß der andere doch so sensibel sein müßte, um die Andeutungen zu verstehen. Und wenn er sie nicht versteht? Dann kann es sein, daß kritische Punkte gar nicht angesprochen werden. Die Folge: Zu einem bestimmten Zeitpunkt läuft das Faß über, und

Kommunikation ist nicht mehr möglich, weil schon zuviel Emotion im Spiel ist, weil sich zuviel angestaut hat.

Ich-Botschaft statt Du-Botschaft

Die Ich-Botschaft besteht aus drei wichtigen Teilen:

- Wer ist mein Adressat?
- Welches Gefühl habe ich?
- Was hat dieses Gefühl mit dem anderen zu tun?
  Beispiel:
  «Frau Meier, ich bin unzufrieden, daß dies nicht geschehen ist.»
  statt:
  «Frau Meier, Sie werden immer unzuverlässiger.»

Die Ich-Botschaft bekennt sich zum eigenen Gefühl, gibt also etwas über sich selbst preis. Sie stellt dar, daß die eigene Wahrnehmung subjektiv ist, und gibt damit dem anderen die Möglichkeit, diese Kritik anzunehmen oder nicht. Da sie eine Begründung für das mitgeteilte Gefühl enthält, lädt sie zu einer Diskussion über den Sachverhalt und/ oder das Gefühl ein. Die Botschaft ist: «Ich habe Schwierigkeiten mit diesem Verhalten von dir» und nicht wie bei der Du-Botschaft: «Du bist nicht in Ordnung».

Bei Kritikgesprächen ist es besonders wichtig, in der Ich-Form und nicht in der Du-Form zu sprechen. Also nicht: «Du verhältst dich falsch», sondern: «Ich habe Schwierigkeiten mit diesem Verhalten von dir.»

Du-Botschaften sind nicht belegte Behauptungen. Sie können deshalb nicht sachlich diskutiert werden und stören die Beziehungsebene erheblich, da sie die Person als Ganzes in Frage stellen. Behauptungen «erschlagen» die angesprochene Person und stellen ein hierarchisches Verhältnis her.

Entscheidend beim Sprechen der Ich-Botschaft ist auch die Körpersprache. Ablehnende oder distanzierende Gestik und Mimik verletzen die Beziehungsebene.

Mit der inneren Einstellung: «Ich akzeptiere und schätze dich als Mensch, nur mit diesem bestimmten Verhalten bin ich nicht einverstanden. Ich vertraue auf deine Leistungsfähigkeit und bin sicher, daß du das verbessern kannst» drückt man am besten die Balance zwischen Wertschätzung der Person und Kritik am Verhalten aus.

Konfrontieren Sie andere nicht mit Ursachen für deren Verhalten in Form von Behauptungen oder Entscheidungsfragen, nach dem Motto: «Das liegt auch daran, daß Sie im Moment die Wohnung renovieren» oder «Kommt die Unzuverlässigkeit daher, daß Sie zur Zeit mit Ihrer Wohnungsrenovierung überlastet sind?»

Keine Entscheidungsfragen (auf die der Angesprochene mit ja oder nein antworten muß), sondern offene Fragen wählen!

Erforschen Sie die Gründe für das Problem mit offenen Fragen:

«Frau Meier, in letzter Zeit fällt mir auf, daß ... Woran könnte das denn liegen?»

Das fördert den Dialog und signalisiert Interesse. So erfahren Sie außerdem die tatsächlichen Gründe. Sie fragen, statt zu richten. Wenn die Gründe gesammelt und gesichtet sind, finden Sie gemeinsam ein Ergebnis, ziehen gemeinsam Konsequenzen.

Über die gemeinsame Analyse beschreiten Sie den gemeinsamen Lösungsweg. Es versteht sich von selbst, daß diese Lösungen haltbarer sind als vorschnelle Einzelentscheidungen.

Schaffen Sie jeweils den richtigen Rahmen für die Kritikgespräche. Kritik muß immer direkt besprochen werden, darf nie über Dritte gehen und auch nicht vor Unbeteiligten ausgetragen werden! Vermeiden Sie eine emotionsgeladene Körpersprache. Bereiten Sie sich sehr gut auf diese Gespräche vor, sowohl inhaltlich als auch mental. Prägen Sie das Klima produktiv. Sprechen Sie Klartext auf der Sachebene, ohne die Beziehungsebene dabei in Frage zu stellen.

Hauptunterschiede der Kommunikation von Mann und Frau

1. Frauen und Männer verfolgen in der Kommunikation unterschiedliche Ziele:
- Frauen kommunizieren ganzheitlich, ihnen geht es um Information und um Interaktion,
- Männern geht es primär um Information.

2. Frauen sprechen eine Sprache, die Bindung, menschliche Nähe und Akzeptanz sucht.

   Männer sprechen eine Sprache, die status- und machtorientiert ist.

3. Frauen haben ein primäres Bedürfnis nach Bestätigung ihrer Persönlichkeit und einer Sicherheit der Beziehung zum Gesprächspartner, bevor sie sich der eigentlichen Sache zuwenden können und wollen.

4. Dieses Bedürfnis befriedigt die Sprache der Männer in der Regel nicht. Sie haben ein primäres Bedürfnis nach Lösungen und widmen sich danach erst der Beziehung. Menschliche Nähe also über und durch die gemeinsame Sache (Lösung, Ergebnis, Erfolg).

5. Männer können sehr gut in asymmetrischer Kommunikation agieren, sofern der jeweilige Status geklärt und akzeptiert ist. Ist der Status ungeklärt, wird um die Position gekämpft. Werden die Positionen nicht akzeptiert, entsteht Konkurrenzkampf und in Unternehmen Abteilungskleinkrieg.

6. Frauen kommunizieren am besten, wenn eine symmetrische Kommunikation vorherrscht. Ihr Kommunikationsstil ist auf Teamorientierung und Kooperation angewiesen und ist zugleich Lebenselixier und Motor einer sich entwickelnden Teamkultur und aller Formen kooperativ-produktiver Zusammenarbeit.

7. Wo Einzelkämpfertum ausreicht, ist der weibliche Kommunikationsstil nicht grundlegend effektivitätssteigernd. In allen anderen Formen unternehmerischer Leistungserbringung und der Vernetzung menschlicher Arbeit, ist er die notwendige Ergänzung des männlichen Kommunikationsstils und erhält existenzsichernde Bedeutung.

   Frauensprache: Menschliche Nähe ist der Schlüssel in einer Beziehungswelt, in der es darum geht, Übereinstimmung zu erzielen und Unterschiede zu minimieren.

   Männersprache: Unabhängigkeit ist der Schlüssel in einer Statuswelt. Befehle zu erteilen bzw. entgegenzunehmen – das ist das primäre Mittel der Statusbegründung.

Exkurs: Frauen im Verkauf/Außendienst

Da die Qualität der Produkte sich heutzutage kaum mehr unterscheidet, ist der Service entscheidender denn je.

Die Unterschiede im Kommunikationsstil prädestinieren Frauen für die Beratungs- und Verkaufsaufgabe. Und diese Fähigkeit sollte gerade in einer Zeit genutzt werden, in der der Markt enger wird. Da die Produkte der einzelnen Anbieter sich qualitativ kaum mehr unterscheiden und darüber hinaus die Preise der einzelnen Anbieter nur unwesentlich differieren, wird in den meisten Branchen der Service entscheidend dafür sein, ob eine Kooperation zustande kommt oder nicht.

Unter Service verstehe ich zum einen die kurze Bearbeitungszeit des Auftrages, die guten Leistungen, aber vor allem die Beratungsfähigkeit der Mitarbeiterinnen und Mitarbeiter.

Die Kompetenz – hier meine ich die fachliche, die ich voraussetze, aber vor allem die soziale Kompetenz der Mitarbeiterinnen und Mitarbeiter im Außendienst oder Verkauf – wird in Zukunft noch stärker für das Zustandekommen von Aufträgen verantwortlich sein.

Da eine gute Mund-zu-Mund-Propaganda und das positive Image eines Unternehmens entscheidend zum Verkaufserfolg beitragen, wird den Außendienstmitarbeiterinnen und -mitarbeitern in Zukunft eine noch verantwortungsvollere Aufgabe zuteil werden. Fachliches Know-how allein reicht nicht mehr aus; entscheidend für den Verkaufserfolg wird die Fähigkeit des einzelnen sein, eine verbindliche, vertrauensvolle und wertschätzende Beziehung zum Kunden herzustellen. Und hier kommen vor allem die Eigenschaften von Frauen zum Tragen.

Frauen sind aufgrund ihres Kommunikationsstils für Verkaufsaufgaben prädestiniert. Denn da kommt es in erster Linie auf den Aufbau einer guten, vertrauensvollen Beziehung zum Kunden an.

Was viele Männer in Verkaufstrainings erst lernen müssen, zeichnet Frauen in ihrer Kommunikationsweise von Anfang an aus. Zum Beispiel die Fähigkeit, Fragen zu stellen, um Bedürfnisse zu erkunden. Frauen fragen mehr. Durch Fragen signalisiere ich Interesse an der Person. Je mehr ich von ihr erfahre, desto größer ist die «Nähe», die ich zu ihr herstelle. Eine Kommunikationsabsicht von Frauen ist, Nähe herzustellen. Da es Frauen nicht darum geht, Status zu demonstrieren oder sich statusorientiert zu profilieren, steht der Kunde im Mittelpunkt.

Frauen fragen mehr und geben mehr Zuhörsignale als Männer: Der Kunde steht im Mittelpunkt.

Frauen geben häufiger Zuhörsignale und signalisieren damit ihrem Gesprächspartner Wertschätzung. Frauen begründen mehr als Männer, die oftmals bei Behauptungen bleiben.

Für die Mehrzahl der Frauen ist der Weg zum

Verkaufserfolg ebenso wichtig wie der Verkaufserfolg selbst. Daß sich dies auf das Image eines Unternehmens positiv auswirkt, versteht sich von selbst.

In vielen Dienstleistungsbereichen sind Frauen schon im Einsatz, in manchen Branchen allerdings sind sie unterrepräsentiert. Zum Beispiel bei Versicherungen. Allerdings versuchen einige Versicherungen, Frauen für den Außendienst zu gewinnen. Das ist nicht einfach für sie, denn vielen Frauen ist der Umgangston zu rüde. Die sprachliche Führungskompetenz mancher Verkaufsleiter ist bedauerlicherweise rudimentär.

Problematisch für die Personalverantwortlichen ist auch die Auswahl der geeigneten Mitarbeiterinnen, vor allem, weil diese Branche immer noch eine Männerdomäne ist und dementsprechend auch die Auswahlkritierien bei Assessment Centers sind.

Exkurs: Die Bewertungskriterien von Assessment Centers sind immer noch zu männlich orientiert

In vielen Assessment Centers werden neben Kategorien wie Kontaktfähigkeit, zielorientiertem Handeln, Belastbarkeit, Selbstorganisation und so weiter auch die Kategorien Überzeugungsfähigkeit und Durchsetzungsvermögen bewertet. Dagegen ist nichts einzuwenden. Mit Sicherheit sind dies Eigenschaften, die für den beruflichen Alltag wichtig sind.

Eine Mitarbeiterin eines Unternehmens, die Beobachterin und Mitentscheiderin bei Assessment Centers ist, beschrieb mir eine Übung, die für Bewerberinnen sehr schwierig ist. Die Situation des Rollenspiels ist folgende: Zwei Frauen kommen mit ihrem Auto gleichzeitig an den einzig freien Parkplatz. Beide haben einen wichtigen Termin. Die eine hat ein Bewerbungsgespräch, das allerdings nicht unbedingt termingebunden ist. Die andere hat ein Klassentreffen. Der ehemalige Klassenverband hat sich an einem bestimmten Ort und zu einer bestimmten Zeit verabredet, um dann die weitere Planung bekanntzugeben. Beide Frauen haben also einen wichtigen, aber keinen «lebenswichtigen» Termin. Das Erstaunliche für sie sei, daß die Frauen immer sehr schnell «klein beigeben», während Männer bei dieser Übung beinahe «kämpfen».

Daraufhin sagte ich der Beobachterin, daß Frauen in so einer Situation ein anderes Ziel verfolgen würden als Männer. Gewinnen heiße eben für sie nicht, diesen Parkplatz jetzt zu bekommen, sondern «gewinnen» könnte für Frauen auch bedeuten, der anderen oder dem anderen einen Gefallen getan zu haben. Daraus allerdings den Schluß zu ziehen, diese Frauen seien nicht durchsetzungsfähig, hielte ich für sehr gefährlich.

Übertragen wir die männliche Verhaltensweise einmal auf Verkaufsgespräche: Ich als Kunde signalisiere kein Interesse an dem Produkt. Der Verkäufer allerdings läßt nicht locker. Nach einiger Zeit würde ich ihm – vermutlich schon regelrecht genervt – mitteilen, daß ich nun gar kein Interesse mehr am Produkt hätte. Ob dieses Verhalten dem Ruf der Firma guttun würde, bezweifle ich. Natürlich würde ich mich mit anderen über meine Erfahrungen mit diesem Unternehmen besprechen. So wie mir ergeht es den meisten. Mit Sicherheit sind die Zeiten vorbei, in denen sich Kunden «überreden ließen». Die Kunden sind heute selbstbewußter als früher.

Frauen kommen bei der Bewertung in Assessment Centers oft schlechter weg als Männer, da sie weniger durchsetzungsorientiert sind, weniger Profilierungsgebaren haben und das persönliche Zweiergespräch größeren Gruppen vorziehen.

Darüber hinaus bevorzugen Frauen das «persönliche Gespräch», das Zweiergespräch. Ob ihr Verhalten in einer ihnen fremden, öffentlichen Gruppe Maßstab für ihre Verkaufs- und Beratungsfähigkeit sein kann, bezweifle ich, zumal sie weniger öffentliches Profilierungsgebaren haben.

Einzelkämpferstärke, Durchsetzungskraft im gängigen Sinne können deshalb nicht die Kriterien eines Assessment Centers für Mitarbeiterinnen sein.

Wer Umsätze steigern möchte, also qualifizierte Mitarbeiterinnen im Dienstleistungs- und speziell im Beratungsbereich gewinnen und auch halten möchte, muß die Auswahlkriterien ändern und den Kompetenzen anpassen, die später auf dem betreffenden Arbeitsplatz benötigt werden.

Die bisherigen Assessment Centers sind blendende Raster, durch die die besten Mitarbeiterinnen aussortiert werden!

Ohne Worte

Die Rätsel der nonverbalen Kommunikation

«Händereiben bedeutet Freude.» «Ein fester Händedruck bedeutet selbstbewußtes Auftreten»... Schön wäre es, wenn es genau diese Eins-zu-eins-Entsprechungen gäbe. Dann könnten wir unsere Gesprächspartnerinnen und -partner sofort analysieren und einordnen. Der Spielraum für Interpretationen wäre sehr klein geworden.

Aber was ist, wenn sich jemand bei minus fünf Grad die Hände reibt? Und was ist, wenn jemand mit sehr wenig Selbstbewußtsein einmal gelesen hat, daß ein fester Händedruck Selbstbewußtsein signalisiert? Und er sich das antrainiert hat?

So einfach ist es nicht, so einfach ist es glücklicherweise nicht. Wir können die Körpersprache unseres Gegenübers nicht unabhängig von der Situation interpretieren. «Die Gesamtbotschaft ist immer die Summe mehrerer Teile», heißt es bei dem Sozialpsychologen Joseph P. Forgas, und weiter: «Wir kommunizieren simultan mit Blick, Gesichtsausdruck, Haltung, Gestik, Stimmqualität, Kleidung und Distanzverhalten, und gewöhnlich sind diese Botschaften untereinander und mit unseren verbalen Botschaften koordiniert.»

Körpersprachliche Signale lassen sich nicht unabhängig von der Situation interpretieren.

Interpretationen der Körpersprache des anderen haben meiner Erfahrung nach aber häufig auch etwas mit unserer eigenen Befindlichkeit zu tun. Wenn wir unausgeglichen oder aus dem Gleichgewicht geraten sind, neigen wir dazu, andere genau durch diese Brille zu sehen. Wir lassen unsere Stimmung in die Wahrnehmung mit einfließen. So gesehen kann eine Begegnung von drei Menschen ganz unterschiedlich interpretiert werden.

Ich sage über eine Person: «Die war ja sehr freundlich und offen.» Meine Bekannte sagt: «Dic hattc ja die Mundwinkel falsch herum.» Wir beide haben dieselbe Person zur gleichen Zeit am selben Ort wahrgenommen, dennoch hört es sich an, als hätten wir zwei verschiedene Menschen kennengelernt. Es gibt also keine eindeutige Entschlüsselung der körpersprachlichen Signale.

Eines läßt sich allerdings mit Sicherheit sagen: Je mehr Raum wir einnehmen, desto dominanter wirken wir. Nicht umsonst empfehlen bedauerlicherweise nach wie vor manche Rhetoriktrainerinnen und -trainer, einen Kugelschreiber, Zeigestock oder die Brille als verlängerten Zeigefinger zu verwenden. Die Wirkung, die ich dabei erziele, ist von Mensch zu Mensch verschieden. Der eine reagiert mit Bewunderung, den anderen kann diese dominante Gestik provozieren und zum Zweikampf herausfordern, der Dritte ist eingeschüchtert und verzichtet darauf, das zu sagen, was er denkt. Darüber sollte ich mir im klaren sein.

Nicht in nach vorn gebeugter Haltung mit übereinandergeschlagenen Beinen dasitzen! Im Stehen Beine und Füße nicht eng aneinanderpressen! Beide Fehler werden von Frauen häufig gemacht.

Eine wichtige Eigenschaft einer guten Rednerin oder eines guten Redners ist Präsenz. Diese Präsenz nehmen sich Frauen häufig zum Beispiel durch ihre Höflichkeitssitzhaltung: Beine übereinandergeschlagen, nach vorne gebeugt. Dies ist zum einen für unsere Stimme nicht sehr gut, aber natürlich auch nicht unter dem Aspekt der Präsenz. Ebenso sieht es mit der bei Frauen bevorzugten Haltung im Stehen aus: Beine und Füße sind dabei eng aneinandergepreßt. Dies unterstützt einen sicheren Stand keinesfalls und nimmt uns die Präsenz.

Körpersprache wird vor allem in Situationen ausschlaggebend, in denen das, was ich sage, nicht mit der Art, wie ich es sage, übereinstimmt. Wenn die innere Haltung der äußeren widerspricht. Da schenken wir der Körpersprache mehr Vertrauen. Oder würden Sie jemandem Glauben schenken, der Sie fast tonlos und mit den Mundwinkeln nach unten für sein Produkt und dessen Einzigartigkeit begeistern will, der Ihnen signalisieren will, daß genau dieses Produkt Ihnen zu Ihrem Glück fehlt?

Beobachten Sie daraufhin einmal Werbespots. Wenn Ihnen der Schauspieler sagt, wie lecker doch diese Wurst ist, und fast angewidert abbeißt, dann werden Sie vermutlich nicht sonderlich überzeugt sein.

Wenn wir die Körpersprache des anderen aufgrund eines einzigen Signals interpretieren, können wir häufig falsch liegen. Dennoch sollten wir eine Sensibilität für Körpersprache entwickeln – vor allem für unsere eigene.

Wir haben schon darauf hingewiesen, daß das, was wir sagen, in der Regel von geringerer Wirkung ist als die Art, wie wir es sagen. Hier spielt Körpersprache ebenso wie auch die Stimme eine zentrale Rolle. Wenn wir beispielsweise Kritik üben, ist die Körpersprache von entscheidender Bedeutung. Emotionsgeladene Kritik, die von «angriffsfreudiger» Körpersprache unterstützt wird, eventuell mit gehobenem Zeigefinger formuliert wird, greift den anderen stärker an als beispielsweise eine offene Handfläche, die ihm «entgegenkommt» und ihn zur Kommunikation einlädt. Wenn wir uns für die eigene Körpersprache sensibilisieren, können wir sie bewußt ändern.

Die Körpersprache drückt unsere innere Haltung und unsere Gefühle aus, beispielsweise, wenn wir aggressiv oder deprimiert und unsicher sind. Dann verändert sich unsere Haltung. Viele verlieren die aufrechte Haltung, sind nach vorne gebeugt und verringern dadurch den Raum, den sie sonst einnehmen.

Halten Sie sich mit Ihrer Körpersprache nicht zurück; zwingen Sie Ihren Körper nicht zur Ruhe. Am besten wirken Sie, wenn Sie sich ganz natürlich verhalten.

Wenn wir diese Haltung bewußt ändern, wirkt sich das auch auf unsere innere Einstellung aus. Es besteht eine Wechselwirkung, die man bewußt einsetzen und für seine Gespräche nutzen kann.

Generell sollte Ihr Körper Sie bei Ihren Reden und Gesprächen unterstützen. Denn dafür haben Sie ihn.

Halten Sie sich nicht zurück, zwingen Sie sich nicht zur Ruhe. Setzen Sie Ihre Energie in Bewegung um. Denn wenn ein Funke überspringen soll, muß auch das Engagement der Rednerin oder des Redners deutlich werden. Wenn Sie Ihrem Körper erlauben, sich natürlich zu verhalten, dann wirkt er am überzeugendsten, und Ihnen geht es damit am besten.

Zuhören ist eine Kunst

«Um sprechen zu können, braucht der Mensch drei Jahre, um schweigen zu können, fünfzig.»

Ernest Hemingway

Richtiges Zuhören ist genauso wichtig wie «reden können».

Reden ist ein ganz wichtiger Teil unserer tagtäglichen Kommunikation. Vergessen wird dabei aber leider zu oft, daß der Gegenpol des Redens das Zuhören ist.

In diesem Kapitel möchten wir die Wichtigkeit des Zuhörens und vor allem auch die Bedeutung des aktiven Zuhörens für gelungene Kommunikation und Führungsprozesse näher betrachten. Da wir in unseren Gesprächen immer auch etwas «verkaufen», seien es nun Ideen oder Produkte, sind wir sicher gut beraten, wenn wir Zuhörtechniken beherrschen. Ob wir Gespräche mit Kunden, mit Familienmitgliedern oder mit Mitarbeitern führen, die Gesetzmäßigkeiten für gelungene Kommunikation sind identisch, wenngleich auch die jeweiligen Techniken situativ beherrscht werden müssen.

Eine geschlechtsspezifische Betrachtung des Zuhörens ist dabei wichtig. Wenn Männer und Frauen in Gesprächen unterschiedliche Ziele verfolgen, liegt die Vermutung nahe, daß es auch geschlechtsspezifische Unterschiede im Zuhörverhalten gibt.

Was bedeutet es für eine Frau, wenn sie zuhört, was sind ihre Ziele beim Zuhören? Was bedeutet Zuhören für Männer? Wie erleben Männer es, wenn ihnen jemand zuhört?

«Wirkliches Zuhören-Können ist eine Kunst, die nur wenige beherrschen.» Das behauptete ich in einem Seminar. Entrüstet wies ein Teilnehmer diese Bemerkung zurück. «Doch», sagte er, «ich höre immer zu, selbst wenn ich etwas schreibe, bekomme ich mit, was der Kollege zu mir sagt.» Mit der Selbsteinschätzung, ein guter Zuhörer beziehungsweise eine gute Zuhörerin zu sein, stehen Frauen Männern in nichts nach. Nach ihren persönlichen Stärken befragt, stellen Frauen das «Zuhören-Können» sogar meist an erste Stelle.

Die meisten Menschen halten sich für gute Zuhörer – vielfach zu Unrecht.

Interessant dabei ist, daß Frauen sich aufgrund ihres persönlichen Zuhörverhaltens als «gute» Gesprächspartnerinnen definieren, während sich Männer in der Regel dann als gute Gesprächspartner bezeichnen, wenn sie «den Eindruck haben, viele hilfreiche Informationen zu einem bestimmten Thema beigesteuert zu haben», so erklärte mir ein Seminarteilnehmer.

Selbst professionelle Therapeuten und Berater, die über Jahre hinweg das Zuhören als persönlichkeitsförderndes Element der Gesprächsführung einüben, geben zu, daß das wirkliche Zuhören über einen längeren Zeitraum alles von ihnen fordert und oftmals gänzlich mißlingt.

Aber professionelle Berater verstehen unter Zuhören auch etwas anderes: nämlich das konzentrierte Erfassen der Gesamtbedeutung des Gesagten. Und dies umfaßt auch die gefühlsmäßige Bedeutung einer Information und geht weit über die reine Sachinformation hinaus.

Psychologen und Therapeuten pflegen dabei verstärkt mit dem «Selbstoffenbarungsohr» zu hören. Als Empfänger einer Nachricht sind diese meist an Informationen interessiert, mit denen der Sprecher etwas (Persönliches) von sich preisgibt.

Vielleicht begründet sich in dieser Art des Zuhörens die verbreitete Angst vieler Menschen vor

Psychologen und Therapeuten. Die unbewußte Angst des Gesprächspartners, daß der Psychologe quasi in die Seele schaut und hier etwas entdecken könnte, was für einen selbst schon unangenehm genug ist, erklärt diese sogenannte «Selbstoffenbarungsangst».

Zuhören-Wollen und Zuhören-Können sind zwei verschiedene Paar Schuhe. Ob wir das, was unser Gesprächspartner sagt, tatsächlich so empfangen, wie dieser es gemeint hat, hängt von verschiedenen Faktoren ab. Sicher auch davon, wie der Gesprächspartner seine Botschaften «verpackt» – wie er sie verschlüsselt.

Menschen verschlüsseln ihre Botschaften unterschiedlich

Vor einigen Jahren unterrichtete ich einen Kurs, der nur mit türkischen Frauen besetzt war. Diese kamen zum Teil gerade erst aus der Türkei, waren also mit den deutschen Gepflogenheiten nicht oder nur wenig vertraut.

Schon am ersten Tag fiel mir auf, daß die Frauen mit mir keinen Blickkontakt hielten. Dieses Verhalten irritierte mich völlig. Blickkontakt halten bedeutet für mich: jemanden wertschätzen, ihm Aufmerksamkeit schenken, zuhören. Gut, daß ich mein Problem den Frauen transparent machte. Das Rätsel konnte nämlich sofort gelöst werden. In der Türkei ist es üblich, Personen, die als ranghöher eingestuft werden, nicht anzusehen. Das Verhalten der Frauen war also durchaus nicht als Mißachtung oder Desinteresse an meiner Person oder meinem Unterricht zu verstehen, sondern bedeutete genau das Gegenteil.

Frauen und Männer verschlüsseln ihre Botschaften oft unterschiedlich. Deshalb kommt es häufig zu Mißverständnissen.

In diesem Fall kam ein und demselben Verhalten eine gänzlich andere interkulturelle Bedeutung zu. Da auch Frauen und Männer ihre Botschaften oft unterschiedlich «verschlüsseln» und auch den geschlechtsspezifischen «Code» des anderen oft nicht kennen, sind Mißverständnisse, Konflikte und Reibereien programmiert.

Der Verschlüsselungsprozeß des Sprechers macht jedoch nur 50 Prozent der Kommunikation aus. Ob wir den Sprecher wirklich verstehen, hängt auch von unseren persönlichen Filtern ab, die unsere Wahrnehmung und auch den Entschlüsselungsprozeß prägen.

Lassen Sie beispielsweise vier Personen einen Unfallhergang beschreiben, dann werden Sie in der Regel auch vier verschiedene Berichte erhalten. Dies hängt unter anderem von der Perspektive ab, aus der das Geschehen betrachtet wurde.

Nehmen wir einmal an, ein Unfallzeuge befand sich auf dem Balkon seiner Wohnung, als der Unfall geschah, ein anderer in seinem Vorgarten. Der dritte reparierte gerade sein Auto, und der vierte war Beifahrer in einem am Unfall direkt beteiligten Wagen. Jeder der vier Personen wird den Unfall anders schildern. Objektiv gesehen, geschah der Unfall in einer bestimmten Art und Weise. Die Art wie die einzelnen ihn aber erleben, kann gar nicht identisch sein, weil jeder eine andere Perspektive hatte. Jeder hatte seinen selektiven Blickwinkel, der dazu führte, daß bestimmte Informationen besonders gut wahrgenommen wurden, andere vielleicht weniger gut oder gar nicht. Jeder der Unfallbeteiligten hatte seinen persönlichen «Standpunkt», von dem aus der Unfall betrachtet wurde.

Übertragen wir dies nun auf die Kommunikation, so bestimmt auch hier unser «Standpunkt» das, was wir wahrnehmen oder eben nicht wahrnehmen.

Wer Zuhören mit Passivität, hierarchischer Unterordnung und niedrigerem Status gleichsetzt, wird eher zum Reden als zum Zuhören neigen. Er wird Sprache auch eher als Möglichkeit der persönlichen Profilierung und des Schachmattsetzens des Gesprächspartners betrachten. Jemandem, der nicht in diesen Kategorien denkt, geht das nicht so.

Nicht immer bedeutet Schweigen des Gesprächspartners Zustimmung.

Zunehmendes Schweigen eines Gesprächspartners im Gesprächsverlauf läßt vielleicht zunächst einmal auf Bewunderung und Zustimmung schließen und wird vom Redner sicherlich auch als solche interpretiert. Verbleibt der Redner jedoch egozentrisch in seinem Redeschwall, entgehen ihm Signale des Gesprächspartners, die ihm Hinweise geben könnten, daß das Schweigen eben doch nicht unbedingt als Zustimmung zu werten ist.

Oft signalisiert der fehlende Blickkontakt oder eine verschlossene Körperhaltung eher Angst vor dem Redner als widerspruchslose Zustimmung. Einem neutralen Zuhörer fällt dies meist sofort auf. Dem Redner jedoch fatalerweise nicht. Hier gilt der Spruch: Es kann nicht sein, was nicht sein darf. Unsere Wahrnehmung, gespeist durch unser Selbstbild, schlägt uns wieder ein Schnippchen. Wer glaubt, ein brillanter Redner und interessanter Gesprächspartner zu sein, kommt gar nicht erst auf die Idee, der andere könne sich langweilen oder aus Angst vor Herabsetzung schweigen.

Signale, die in diese Richtung gehen könnten, werden entweder ignoriert oder umgedeutet: Signalisiert der Gesprächspartner überdeutlich seine Ablehnung, wird er einfach mit den bekannten Verhaltensmustern «schachmatt» gesetzt. Eine kurze abfällige Bemerkung wie «Das können Sie ja wohl kaum beurteilen», und schon stimmt das Selbst- und Weltbild wieder.

Wirkliches Zuhören ist nichts Passives, sondern ein aktiver Prozeß und erfordert volle Konzentration!

Wer den Wert des Zuhörens wirklich erkennt, denkt in anderen Kategorien. Wirkliches Zuhören hat mit Passivität rein gar nichts zu tun, sondern ist ein anspruchsvoller und äußerst aktiver Prozeß, der volle Konzentration erfordert. Hier ist die Konzentration nicht auf die eigene Person verlagert, sondern gilt dem Gesprächspartner.

Um den wirklichen Wert des Zuhörens zu verstehen, müssen wir begreifen, daß sich die Gesprächsziele verändert haben. Unser Einfluß auf andere hängt davon ab, ob es uns gelingt, positive Beziehungen zum Gegenüber aufzubauen: Hier kommen Gefühle ins Spiel.

Positive Beziehungen sind weniger von rationalen als von irrationalen Faktoren geprägt. Ob wir jemanden sympathisch oder unsympathisch finden, entscheiden wir nicht im Kopf. Positive Beziehungen sind weitestgehend frei von negativen Gefühlen. Das heißt nicht, daß sich Personen nicht übereinander ärgern, aber sie sind in der Lage, Beziehungsstörungen gering zu halten oder so mit ihnen umzugehen, daß eine positive Fortsetzung der Beziehung ermöglicht wird.

Ob wir jemanden sympathisch oder unsympathisch finden, entscheiden wir nicht rational. Hier kommt ein irrationales Element ins Spiel: Gefühle.

In einem Zeitalter, in dem der Staubsauger X qualitativ genauso hochwertig ist wie Staubsauger Y, ist das Sachargument für den Verkaufserfolg nur zweitrangig.

Aktives Zuhören

Das aktive Zuhören entstammt ursprünglich der gesprächspsychotherapeutischen Beratungspraxis. Über das Schaffen eines verständnisvollen zwischenmenschlichen Klimas, in dem das Zuhören des Beraters eine wichtige Rolle einnimmt, sollte der Ratsuchende in die Lage versetzt werden, sich selbst besser zu verstehen und Probleme und Konflikte durch Reflexion angemessener zu lösen.

Aktives Zuhören will keine Probleme lösen, sondern den Gesprächspartner lediglich bei der Problemlösung unterstützen.

Dem aktiven Zuhören liegt demzufolge eine Einstellung zugrunde, die darauf ausgerichtet ist, den Gesprächspartner bei der Problembewältigung zu unterstützen und nicht stellvertretend dessen Probleme zu lösen: Selbstmanagement als Ziel der Beratung.

Wie wichtig gerade dieses Problemlösungsverständnis und damit verbunden natürlich das Beherrschen des aktiven Zuhörens für effektives Führungsverhalten sein wird, versteht sich.

Was geschieht, wenn wir aktiv zuhören?

Ein Mensch kommuniziert seine Empfindungen, seine Ideen und Gedanken, also all das, was sich an innerer Erfahrung in ihm abspielt, nicht immer direkt. Empfinden wir beispielsweise Gefühle der Liebe, müssen wir Symbole verwenden, um diese Gefühle auszudrücken. Das kann eine rote Rose sein, die ich verschenke. Ich kann meinem Partner aber auch direkt sagen, daß ich ihn liebe.

Einmal wähle ich einen nonverbalen Code, dann wieder einen verbalen, um meine inneren Erfahrungen mitzuteilen.

Mein Vater beispielsweise war nie ein Mann großer Worte, und der direkte Ausdruck von Gefühlen bereitete ihm immer recht große Probleme. Er reparierte mein Auto, um zu signalisieren, wie wichtig ich ihm war.

Da wir unsere inneren Erfahrungen also oft verschlüsseln, um sie anderen mitzuteilen, muß der Empfänger einer Nachricht die Botschaften des Gesprächspartners auch wieder angemessen entschlüsseln können, damit die Nachricht unverzerrt ankommt. Ich überprüfe dann als Zuhörer über eine Rückmeldung (aktives Zuhören), ob ich die Aussage und Selbstmitteilung des Gesprächspartners auch so verstanden habe, wie sie gemeint war.

Wer aktiv zuhört, muß «zwischen den Zeilen lesen» können.

Beim aktiven Zuhören geht es jedoch nicht nur darum, rein inhaltlich das wortwörtlich zu wiederholen, was mir der Gesprächspartner mitgeteilt hat. Mit dem aktiven Zuhören werden auch die Dinge angesprochen, die vielleicht nur indirekt in der Botschaft mitschwingen.

Was bedeutet aktives Zuhören?

So druckst beispielsweise ein Mitarbeiter in einem Gespräch herum und sagt: *«Eigentlich habe ich gar keinen Grund, mich zu beklagen!»*

Aktives Zuhören zu praktizieren, bedeutet hier eben nicht, diesen Satz genau zu wiederholen.

Der Vorgesetzte könnte in diesem Beispiel folgendermaßen antworten: *«Das klingt, als ob es trotzdem etwas gibt, was Sie bedrückt? Ist das so?»*

Hier verbleibt der Vorgesetzte nicht auf der Sachebene der Senderäußerung. Er öffnet sein «Selbstoffenbarungsohr» und spricht die gefühlsmäßige Bedeutung der Botschaft des Mitarbeiters an. Gleichzeitig signalisiert er mit der gestellten Frage *«Ist das so?»* dem Mitarbeiter gegenüber Respekt vor dessen Subjektivität: *«Ich will Ihnen nichts überstülpen, sondern überprüfen, ob ich Sie richtig verstanden habe. Korrigieren Sie mich, wenn es sich anders für Sie darstellt.»*

Daraufhin könnte der Mitarbeiter antworten: *«Ja, wie soll ich es sagen, und außerdem sind Sie mein Chef.»*

Der Vorgesetzte: *«Es fällt Ihnen nicht leicht, es auszusprechen, und besonders mir gegenüber ist es schwer?»*

Mitarbeiter: *«Ja, aber vielleicht kann ich es ja trotzdem mal versuchen. Es handelt sich um folgendes: …»*

Über das aktive Zuhören hat der Vorgesetzte signalisiert: *«Ich versuche zu verstehen, ich möchte dich anhören.»*

Damit wurde die Tür geöffnet für ein persönliches Gespräch, das «in die Tiefe» geht und in dem das eigentliche Problem geklärt werden kann.

Wer Führung nicht im Sinne eines partnerschaftlichen Miteinander-Umgehens betrachtet, sondern in den Kategorien «Unterlegenheit» und «Überlegenheit» denkt, wird höchstwahrscheinlich auch das aktive Zuhören dazu benutzen, den Gesprächsverlauf durch versteckte Lenkung zu manipulieren, sofern es überhaupt angewendet wird.

Aktives Zuhören setzt den Willen zu partnerschaftlicher, symmetrischer Kommunikation voraus.

Da aktives Zuhören den Willen zu partnerschaftlicher und symmetrischer Kommunikation voraussetzt, verbirgt sich in der Kritik am aktiven Zuhören oftmals nur der Wunsch, hierarchische Verhältnisse aufrechtzuerhalten, die sich in einer dominanten Gesprächsführung widerspiegeln.

«Wer fragt, der führt», heißt es so schön in der Rhetorik. Wer aktiv zuhört, begleitet eben nur. Ein gänzlich anderes Führungsverständnis, das Umdenken erfordert, aber auch die Änderung des eigenen Selbstverständnisses voraussetzt: Vertraut doch der Zuhörende beim aktiven Zuhören darauf, daß der Gesprächspartner über die Fähigkeit verfügt, Probleme selbständig zu lösen. Aufgrund dieser Annahme setzt er im Gespräch lediglich die Bedingungen, die nötig sind, damit ein Problemlösungsprozeß in Gang kommt.

Der Vorgesetzte sollte sich nicht als Problemlöser verstehen, sondern als Katalysator in Problemlösungsprozessen. Das heißt, er muß Selbständigkeit und unabhängiges Denken bei seinen Mitarbeitern fördern.

Der Vorgesetzte wird somit zum *Mentor seiner Mitarbeiter*. Er versteht sich nicht länger als Einzelkämpfer, der sämtliche Probleme alleine zu lösen hat, sondern wird zum Katalysator in Problemlösungsprozessen. Mit dem aktiven Zuhören nimmt der Chef denn auch keine Bewertung des Gesagten vor, da er akzeptiert, daß der andere eine eigene Meinung haben kann und darf.

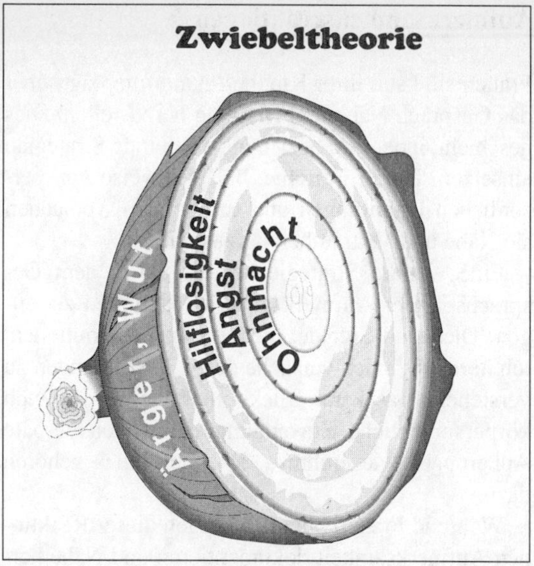

Hinter dem wütenden, aggressiven Verhalten des Mitarbeiters verbergen sich häufig Hilflosigkeit, Angst und Ohnmacht. Durch aktives Zuhören kann der Vorgesetzte in die Tiefe gehen und an die wahren Probleme und Empfindungen seines Gesprächspartners herankommen.

Einer direktiven Gesprächsführung liegt demgegenüber oftmals auch ein mangelndes Vertrauen in die Fähigkeiten der Mitarbeiter zugrunde. «Ich muß meinen Mitarbeitern sagen, was zu tun ist und wie sie die Probleme lösen sollen, sonst geht hier gar nichts mehr», sagt so mancher Vorgesetzte. Wie wahr! Eine selbsterfüllende Prophezeiung.

Wer solche Annahmen im Kopf hat, wird selbstverständlich direktiv führen und damit, wenn auch nicht absichtlich, Unselbständigkeit fördern: Der Gesprächspartner wird nicht um seine Meinung zu einem Problem befragt und kann somit keine Ideen zum Problemlösungsprozeß beitragen.

Aktives Zuhören bezieht den Gesprächspartner bewußt in die Problembewältigung ein. Dies fördert Selbständigkeit und unabhängiges Denken. Das setzt letztendlich aber voraus, daß «Querdenker» als innovationsfördernd erkannt und wirklich gewünscht werden.

Aufmerksamkeitsreaktionen

Frauen sind seit ihrer Kindheit darauf geprägt, über das Gespräch Nähe und Bindung herzustellen. Dies geschieht, indem sie beziehungsfördernde Strategien einsetzen. Durch Berichte, beispielsweise von persönlichen Erfahrungen und Erlebnissen, versuchen sie Nähe und Vertrautheit herzustellen.

Eine weitere Strategie besteht darin, dem Gesprächspartner Aufmerksamkeitsreaktionen zu zeigen. Dies sind Signale, die dem anderen mitteilen: Ich höre dir zu, ich versuche deine Ausführungen zu verstehen. Das kann Blickkontakt sein oder auch körpersprachliche Zuwendung; aber auch verbale Äußerungen wie «mhm», «ja» oder «aha» gehören dazu.

Frauen zeigen beim Zuhören mehr Aufmerksamkeitssignale als Männer. Das wird von Männern häufig als bedingungslose inhaltliche Zustimmung interpretiert.

Während Frauen über das Zeigen dieser Reaktionen Aufmerksamkeit dokumentieren und Nähe herstellen möchten, kann diese Form des Zuhörens für Männer bedingungslose inhaltliche Zustimmung bedeuten. Dies vor allem dann, wenn in einem Gespräch nur zugehört, aber keine eigene Meinung geäußert wird.

Eine kleine Anekdote dazu aus einem reinen Männerseminar:

Aufmerksamkeitsreaktionen werden von Männern häufig falsch verstanden

Meine ersten Erfahrungen mit professionell angewandten Zuhörtechniken habe ich während meines Studiums und in meiner Ausbildung zur Trainerin gemacht.

In meinen Seminaren übernehme ich sehr oft den Part der Zuhörerin. Dies vor allem dann, wenn ich versuche, die Ausführungen meiner Gesprächspartner erst einmal zu verstehen, oder wenn es darum geht, Bedürfnisse von Seminarteilnehmern zu erfassen.

Bei einem Seminarteilnehmer führten nun jedoch meine Zuhörreaktionen zu der Bemerkung: *«Können Sie eigentlich auch mal nein sagen?»*

Zunächst war ich völlig verblüfft über diese Äußerung. Dann aber verstand ich, was er meinte.

Ich antwortete auf seine Frage folgendermaßen: *«Doch, natürlich kann ich nein sagen. Wie kommen Sie auf diese Frage?»* Er entgegnete mir, daß er nun schon eine ganze Weile Dinge geäußert habe, von denen er annehme, daß sie nicht meiner Meinung entsprächen. Ich aber hätte immer mit Kopfnicken, *«mh»* und *«ahja»* darauf reagiert. Er könne sich einfach nicht vorstellen, daß ich dem, was er gesagt hätte, wirklich zustimme. Aber dies sei bestimmt nur ein übler psychologischer Trick von mir.

Mir wurden durch diese Äußerung mehrere Zusammenhänge deutlich:

- **Erstens empfinden Männer Aufmerksamkeitsreaktionen oftmals als inhaltliche Zustimmung («Es ist richtig, was du sagst»).**

So wird auch die Bemerkung eines Seminarteilnehmers verständlich, der sagte, daß es ihm gerade bei unterschiedlichen Auffassungen schwerfalle, aktiv zuzuhören, denn «dann gebe ich meinem Gesprächspartner ja auch noch recht.»

- **Zweitens scheinen Männer öfters in den Kategorien «falsch» oder «richtig» zu denken.**

Gespräche haben für sie nicht nur die Funktion, Informationen oder Fachwissen auszutauschen. Es geht immer auch um die Beantwortung der Frage: Wer hat die bessere Wahrheit, wer hat die bessere Meinung, die besseren Argumente von uns beiden – und damit manchmal auch: Wer von uns beiden ist intelligenter?

Steht bei Frauenkonkurrenz nach wie vor eher die Schneewittchenfrage im Vordergrund: «Wer ist die Schönste im ganzen Land?», so fragen Männer eher danach: «Wer ist der Beste, der Schlaueste im ganzen Land?»

Es ist für Menschen, die statusorientiert handeln und denken, schwer zu glauben, daß es Menschen gibt, die nicht in diesen Sieger-Verlierer-Kategorien denken. Meine Aufmerksamkeitsreaktionen hatten den Seminarteilnehmer aggressiv gemacht. Ich zeigte in seinen Augen ein Verhalten, das nicht den Erwartungen entsprach, die er von einer Seminarleiterin hatte. Ich hätte seiner Ansicht nach sein Konkurrenzangebot annehmen und mich mit ihm messen sollen, um abzuklären, wer das Sagen im Seminar hatte.

Gleich zu Beginn der Veranstaltung, in der Vorstellungsrunde, hatte er schon mit einer Kampfansage begonnen, indem er sagte: «Wissen Sie, Diplompädagogen und Diplompsychologen sind mir sehr suspekt. Aber mal sehen, was Sie so draufhaben.»

Da es nur die Kategorien Unten oder Oben, Falsch oder Richtig, Gewinner oder Verlierer gibt, muß der andere auf jeden Fall verlieren, will man selbst als Gewinner aus einem Gespräch oder einer Situation hervorgehen.

Jede Situation, jede Äußerung des Gesprächspartners wird in diesen Gewinner-Verlierer-Kategorien wahrgenommen. Stets auch unter dem Verdacht: Der andere will mich über den Tisch ziehen. Was man anderen unterstellt, ist meist auch das Spiegelbild der eigenen Absichten.

«Sicher nur ein übler psychologischer Trick», wie mein Seminarteilnehmer konstatierte.

Geschlechtsspezifische Unterschiede beim aktiven Zuhören

Beim aktiven Zuhören geht es um das Erfassen möglichst aller vier Seiten einer Nachricht, vorrangig aber um das Erfassen der Selbstoffenbarung, ohne sie zu bewerten oder in die Kategorien Falsch oder Richtig einzuordnen.

Beim aktiven Zuhören geht es vor allem darum, herauszufinden, was unser Gesprächspartner über sich selbst aussagt – also um die Selbstoffenbarungsebene.

Ein Beispiel dazu: Der Satz eines Mitarbeiters «Was soll der Blödsinn» signalisiert nicht nur Kritik an einer bestimmten Sache oder Person. Auf der Selbstoffenbarungsebene teilt er auch mit, daß er ärgerlich, wütend oder verstimmt über eine Handlung ist. Vielleicht aber auch verunsichert, weil er nicht einschätzen kann, was die Sache für ihn bringen wird.

Während also auf der Beziehungsebene meist Du-Aussagen im Vordergrund stehen wie: «Dein Handeln ist Blödsinn», beinhaltet die Selbstoffenbarungsebene eher Ich-Aussagen in Form von «Ich ärgere mich über das, was du sagst» oder «Dein Handeln verunsichert mich!»

Während nun Männer tendenziell stärker auf die Sachaussage einer Nachricht reagieren, filtern Frauen mit ihrem empfindlichen Beziehungsohr stärker die Du-Aussagen heraus.

Männer achten eher auf die Sachaussage einer Äußerung, Frauen sind empfänglicher für die Du-Aussage (also für die Beziehungsebene).

«Du machst etwas verkehrt, du hast einen Fehler gemacht, du bist verantwortlich dafür, daß ich verärgert bin.» Männer wie Frauen hören dabei selektiv, das heißt, ausschnittweise zu und vernachlässigen in sträflicher Weise die Selbstoffenbarungsebene der Senderäußerung.

Während Frauen die Gefühle des Gesprächspartners zumindest wahrnehmen, sie aber auf sich beziehen und sich persönlich angegriffen fühlen, blenden Männer aufgrund ihrer Sachorientiertheit Gefühlsanteile im Gespräch oft ganz aus. Werden Gefühle wahrgenommen, dann heißt das aber noch

Frauen achten im allgemeinen mehr auf die Gefühle ihres Gesprächspartners als Männer.

lange nicht, daß auch darauf reagiert wird. Nach dem Motto: Gefühle haben in Gesprächen und im Geschäftsleben nichts zu suchen. Bitte immer schön sachlich bleiben!

In dem Film «Tage des Donners» mit Tom Cruise, der von Rennfahrerschicksalen handelt, schildert ein Rennfahrerkollege einen Rennunfall, bei dem sein Vater umkam. Er schildert den Unfallhergang sehr bewegt, und der Zuschauer merkt, wie berührt er immer noch von diesem Ereignis ist. Was sagen nun aber die Rennfahrerkollegen zu dessen Schilderung? Sie fragen ihren Kollegen, in welcher Kurve denn der Unfall passiert ist, und suchen daraufhin nach Lösungen, die so einen Unfall verhindern.

Nun möchten wir nicht behaupten, daß diese Szene absolut typisch für Männerkommunikation ist, denn auch die Rennfahrerkollegen haben die Gefühle der Bestürzung und der Betroffenheit bei dem jungen Mann herausgehört. Das betretene Schweigen nach den Erzählungen des jungen Mannes läßt zumindest darauf schließen.

Aber während eine Frau weniger Hemmungen hätte, auf diese Gefühle einzugehen, scheint dies Männern schwerer zu fallen und sie zu verunsichern. So versuchen sie so schnell wie möglich wieder zur Sache zu kommen.

Scheinbar sind Männer stärker daran interessiert, herauszufinden, wie eine Sache passiert ist (auch um entsprechende Problemlösungsansätze zu entwickeln). Dagegen fragt sich eine Frau aufgrund ihrer Beziehungsorientiertheit eher, was die Sache für die betreffende Person bedeutet. Daß Gespräche hier gänzlich unterschiedlich verlaufen, versteht sich von selbst.

Aber auch das Hören mit einem weit geöffneten «Beziehungsohr» ist nicht unproblematisch. Folgender Dialog soll das noch einmal verdeutlichen. Er fragt sie während des Essens: «Wo hast du denn das

Fleisch gekauft?» und betont dabei vielleicht noch ein wenig das Wörtchen «das». Woraufhin sie spitz antwortet: «Wieso, schmeckt es dir nicht?»

Was ist passiert? Er «verpackt» seine Botschaft in eine scheinbar rein sachliche Frage, aus der sie aber eine versteckte Kritik heraushört. Dabei beinhaltet seine Frage selbstverständlich mehr als nur die Frage nach dem Fleischerfachgeschäft. Neben der Beziehungsbotschaft: «Was hast du dir denn da wieder andrehen lassen» könnte sie auch die Selbstaussage enthalten, daß ihm das Fleisch nicht schmeckt oder er es zu zäh findet.

Ein Konflikt scheint hier programmiert, weil er seine Selbstaussage «Das Fleisch schmeckt mir nicht. Es ist zäh, und das ärgert mich» nicht klar äußert und in Form eines Vorwurfs präsentiert, den die Frau auch prompt als solchen erlebt und entsprechend quittiert. Dabei vernachlässigt sie mit ihrem einseitigen Zuhören wiederum die Selbstoffenbarungsseite seiner Nachricht.

Was könnte eine solche Situation entschärfen? Kritik sollte stärker den Selbstoffenbarungsanteil (Ich-Botschaften) in den Vordergrund stellen und negative Beziehungsbotschaften, die Vorwürfe enthalten wie «Du machst etwas verkehrt, es ist deine Schuld», vermeiden. Die Kriterien für konstruktive Kritik haben wir an anderer Stelle ausführlich dargestellt.

Frauen sollten sich ihres weit geöffneten «Beziehungsohres» bewußt sein und stärker mit dem «Selbstoffenbarungsohr» hören. Dies gilt übrigens auch für Männer, die Gefühle des Partners oftmals nicht oder nur verzerrt wahrnehmen und im Gespräch zu oft penetrant auf der Sachebene verbleiben.

So ein Gesprächsstil hat oft ebenfalls gestörte Gesprächsverläufe zur Folge. Ein wunderschönes Beispiel für so einen Dialog bietet Sammy Molcho in seinem Buch «Körpersprache als Dialog»:

Der kaputte Fernseher

Ein Kunde bringt dem Händler den gerade erworbenen Fernsehempfänger zurück. Er ist verärgert und bringt seinen Zorn zum Ausdruck: *«Da kaufe ich dieses teure Gerät, und es funktioniert nicht! Heute abend kommen Leute zu uns, die ich eingeladen habe, um bei uns das Länderspiel anzusehen – wie stehe ich da? Was werden hier überhaupt für Geräte verkauft?»*

Gegen die Aggressivität des Kunden schützt sich der Händler jetzt unwillkürlich, indem er in Verteidigungsstellung geht. Entsprechend fällt die Antwort aus: *«Unsere Geräte sind alle sorgfältig geprüft!»*

Die Reaktion des Kunden, dessen Ärger durch diese Antwort noch steigt, eben weil sein Zorn nicht akzeptiert worden ist: *«Von wegen geprüft. Ich sage Ihnen doch, daß er nicht funktioniert.»* Der Händler, durchaus sachlich, jedoch ohne auf die Emotionen des Kunden einzugehen: *«Haben Sie auch diesen Knopf beachtet?»* Der Kunde kontert: *«Was? Blind bin ich wohl auch noch?!»*

Der Wutausbruch eskaliert, denn der Partner ist in die Argumentationsphase eingetreten, bevor die Emotionsphase abgeklungen war, und sie konnte nicht abklingen, bevor die Emotion akzeptiert worden wäre. Der Händler in unserem Beispiel hat die Emotion seines Kunden einfach ignoriert.

Frauen, so haben wir bisher behauptet, verfolgen durch die Art ihrer Gesprächsführung die Ziele Bindung, Intimität und Nähe.

Von diesen Bedürfnissen machen sich Frauen

auch im Berufsleben nicht frei. Gefühle gehören für sie zum beruflichen und privaten Alltag wie das Salz in die Suppe.

Das, was ihnen in der Vergangenheit vielfach als Schwäche ausgelegt wurde, nämlich gerade ihre Gefühlsbetontheit in Gesprächen und Auseinandersetzungen, wird sich zukünftig mehr und mehr als ihre Stärke erweisen. Das vor allem im Verkauf, in der Teamarbeit und in Konfliktgesprächen.

Die stärkere Gefühlsbetontheit der Frauen im Gespräch wird sich künftig immer mehr als Stärke erweisen – vor allem im Verkauf, in der Teamarbeit und bei der Lösung von Konflikten.

Tendenziell sind die Reaktionen von Frauen empathischer und stärker zuhörorientiert. Frauen zeigen nicht nur öfters Aufmerksamkeitsreaktionen, sie reagieren auch häufiger mit verständnisvollen Statements wie «Oh, ja, das kann ich verstehen, das ist mir auch schon passiert».

Das, was Männern nach Auseinandersetzungen und Konfliktgesprächen an Selbstreflexionsfähigkeit oftmals fehlt, praktizieren Frauen jedoch meist zuviel. Sie stellen ihr Verhalten in Frage, bevor sie überprüfen, ob der andere etwas falsch gemacht hat.

Hier ist es sinnvoll, eine gesunde Mischung aus Selbstkritik und grundsätzlichem Nicht-in-Frage-Stellen eigener Positionen und eigenen Verhaltens zu finden.

Gefühle

Im Berufsleben ist das Zeigen von Gefühlen häufig verpönt

«Warum weinst du?» herrscht die Mutter ihr Kind an, «du hast keinen Grund zum Heulen.» Aber anstatt mit dem Weinen aufzuhören, heult das Kind nun erst richtig los.

Genervt, den Blick nach oben gerichtet, wendet sich Abteilungsleiter Schmidt ab. Während er Sachfragen zum Thema Abfallvermeidung besprechen will, beginnt seine Mitarbeiterin sich darüber aufzuregen, «daß die von Kollegen achtlos weggeworfenen Zigarettenkippen sie tagtäglich zum Wahnsinn treiben».

Thema verfehlt? Oder begegnen sich hier wieder einmal zwei Welten, die, so scheint es auf den ersten Blick, gar nicht miteinander harmonieren können?

Auf die Frage, was denn den Abteilungsleiter Schmidt nun an der Äußerung seiner Mitarbeiterin so nervt, würde er wahrscheinlich antworten: «Völlig unsachlich, gehört nicht zum Thema, ob die sich ärgert oder nicht! Wir wollen Sachprobleme lösen und nicht ihren persönlichen Kram und ihre Gefühlsduselei besprechen!»

Im persönlichen Bereich wird es noch akzeptiert, wenn man Gefühle zeigt; im Berufsleben jedoch sind offen gezeigte Emotionen oftmals völlig tabu.

Während im persönlichen Bereich das Artikulieren und Zeigen von Gefühlen gerade eben noch geduldet wird, scheinen in einer rational-analytisch denkenden Geschäftwelt offen gezeigte Emotionen einem Tabubruch gleichzukommen: Man stelle sich nur einen Mann vor, der sich nach einem Kritikgespräch weinend von einem Kollegen trösten läßt. Die Befürchtung vieler Männer, «nach einer solchen Situation ihre Koffer packen zu können», weil sie sich vor allen unmöglich gemacht haben, ist nicht von der Hand zu weisen.

Die meisten Frauen wünschen sich heute einen

gefühlsbetonten Mann. Mit der soeben beschriebenen Situation könnten sie aber vermutlich genauso schlecht umgehen wie ihre männlichen Kollegen. «Schlappschwanz, Niete, Weichling» sind die zivilsten Ausdrücke, die selbst Frauen für ein solches Verhalten finden.

Auch Frauen verhalten sich hier nicht stimmig. Das gängige Bild von Männlichkeit mit den Eigenschaften: «rational, sachlich, über den Dingen stehend» haben auch sie sich zu eigen gemacht.

Frauen sind in ihren Ansprüchen an das Verhalten von Männern oft widersprüchlich: Sie sollen zwar keine «Machos» sein; aber viele Frauen mögen es andererseits auch nicht, wenn Männer Schwäche zeigen. Sie sollen «souverän» sein.

Männer sollen Gefühle zeigen, aber bitte wohldosiert und vor allem wohlsortiert, am besten nur die zärtlichen, liebevollen Gefühle. Leicht könnte da der Eindruck von Schwäche entstehen, wenn ein Mann, weil in bestimmten Situationen überfordert, auch einmal signalisiert: «Ich komme nicht klar, mir geht es nicht gut, ich bin geschafft.»

Aber Gefühle sind wertfrei. Sie lassen sich nicht in Gut oder Böse, Berechtigt oder Unberechtigt einteilen. Wer die Gefühlswelt eines Menschen ausklammert, beraubt ihn damit seiner Ganzheit. Und doch sprechen wir alle vielfach eine Sprache, die dem anderen suggeriert, daß es besser ist, bestimmte Gefühle nicht zu haben.

«Es tut so weh, es tut so weh», jammert Martin und möchte sich seine Schmerzgefühle von der Seele weinen. «Stell dich nicht so an, es ist doch nur ein Kratzer.» Diese Reaktion auf das Problem des Sohnes deutet eher auf die Problematik des Vaters hin, mit den Gefühlen des Sohnes umzugehen, und die Unfähigkeit, sie zu akzeptieren.

Wer Schmerzen zeigt, «stellt sich an». Das ist vermutlich eine Botschaft, die der Vater aus der eigenen Erziehung noch sehr gut kennt. In sein eigenes Wertesystem übernommen, überträgt er dies nun auf den Sohn: Traurigkeit und Schmerz zu zeigen, ist unmännlich und hat etwas mit persönlicher Schwäche zu tun.

Was wir aber an uns selbst nicht akzeptieren können, bekämpfen wir auch in anderen. Manchmal tun wir dies, indem wir bestimmte «unliebsame» Gefühle ignorieren. So bekam ich vor einigen Wochen folgenden Dialog mit. Ein junger Mann erzählt seinem Bekannten: «Also ich weiß einfach nicht mehr, was ich noch tun soll.» «Mensch», sagt der Freund, «du bist doch clever, wieso solltest du das nicht hinkriegen?»

Hier reagiert der Zuhörer wie in dem Filmausschnitt mit Tom Cruise scheinbar rein sachlich. Er versucht das Problem rational-logisch anzugehen, indem er dem Freund klarzumachen versucht, daß dieser aufgrund seiner Intelligenz keinen Grund hat, sich Sorgen zu machen.

Obwohl der Sprecher wahrscheinlich sehr deutlich auch über den Tonfall und die Mimik signalisiert, daß sein Problem nicht mit Wahrscheinlichkeitsrechnungen zu lösen ist, sondern mehr auf der emotionalen Ebene liegt, versucht der Freund ihm sein Problem und damit auch sein Gefühl «auszureden».

Während er sich mit seinen Gefühlen der Betroffenheit und vielleicht auch der eigenen Hilflosigkeit beschäftigt, dirigiert der Freund das Gespräch in eine andere Richtung.

Sprechen zwei Männer miteinander, mag diese Art der Problembewältigung von seiten des ratsuchenden Gesprächspartners vielleicht noch funktionieren. Reden Frauen und Männer aber in diesem Stil miteinander, ist das Gefühl des Nichtverstandenwerdens auf seiten der Frau programmiert. Während Frauen eben von ihrem Gesprächspartner erwarten, daß er auf ihre emotionale Befindlichkeit eingeht und sie versteht, verbleibt der Mann auf der Sachebene, gibt vielleicht Ratschläge oder versucht Gefühle wegzudiskutieren.

Das liegt daran, daß sich Männer auf der Inhalts- und Sachebene kompetenter fühlen als auf der Beziehungsebene. Hier dominiert das Fachwissen, problemlösendes Schlußfolgern ist gefragt. Die Beziehungs- und Gefühlsebene ist eine für sie ungewohnte und befremdende Materie. Hier betreten sie Neuland und fühlen sich oft unsicher. Begeben sie sich auf diese Ebene, so bearbeiten sie emotionale Probleme oft wie Sachprobleme, eben analytisch-logisch.

Frauen quittieren dieses Verhalten dann mit Unverständnis. Sie lösen ihre emotionalen Probleme, indem sie darüber reden, sich aussprechen und so eine Klärung des Problems herbeiführen.

Da es Männern immer noch schwerfällt, Unsicherheitsgefühle auszuhalten, werden Beziehungsstörungen und Konflikte sehr oft ignoriert (man hat keine Konflikte und schon gar keine Probleme) oder auf die Sachebene verlagert und dort ausgetragen. Da argumentiert Herr Maier dann munter gegen den Vorschlag von Herrn Müller, weil der ihn vor zwei Wochen bei einem Projekt «im Regen stehen ließ». Herr Maier boykottiert dann im darauffolgenden Monat die Bitte von Herrn Müller, mit auf eine Messe zu fahren, und begründet dies mit Zeit- und Termindruck.

So ist es nicht verwunderlich, daß Konflikte und zwischenmenschliche Probleme in Betrieben, weil nicht bearbeitet, oft bis zum Mobbing ausarten. Effektive Sacharbeit ist in manchen Abteilungen kaum mehr möglich, weil Grabenkämpfe Sacharbeit emotionalisieren. All dies kostet nicht nur Zeit, sondern auch Energie und verschlingt unter dem Strich Unsummen.

Männer neigen dazu, Beziehungsstörungen und Konflikte entweder zu ignorieren oder auf die Sachebene zu verlagern.

Gleichzeitig ist das gezeigte rational-analytische Problemlöseverhalten der Männer ziel- und handlungsorientiert und situativ durchaus angemessen. Wer auf der Ebene der Reflexion und des Durchsprechens von Problemen und zwischenmenschlichen Beziehungsstörungen steckenbleibt, ändert nichts an Schwierigkeiten, die beherztes Zupacken und Handeln erfordern.

Männer arbeiten dabei nach dem Motto: Problem erkennen, Lösungsmöglichkeiten entwickeln, Lösungsmöglichkeiten in Handeln umsetzen – Problem gelöst, Erfolg gehabt.

Dementsprechend stellt ein Mann oft mit ziemlicher Fassungslosigkeit fest, daß «meine Frau über Probleme reden und reden will, aber ihre Schwierigkeiten nicht durch entsprechendes Handeln anpackt», so ein Seminarteilnehmer. «Sie redet und redet darüber, daß ihr alles zuviel wird im Haushalt, ändert aber nichts an ihrer Art, den Haushalt zu organisieren. Eine Putzfrau will sie auch nicht ... Im Grunde kann ich ihr an Lösungen anbieten, was ich will, sie nimmt nichts an und verändert nichts. Nur darüber reden kann es ja wohl auch nicht bringen.»

Einfühlungsvermögen ist wichtig

Frauen reden anders, und ganz sicher ist es wichtig, in Seminaren mit männlichen Führungskräften auf die Wichtigkeit und Bedeutung der Beziehungsebene für Frauen hinzuweisen.

Dennoch warnen wir vor rezeptartigen Vorschlägen im Umgang mit Frauen nach dem Motto: Jetzt endlich haben wir den richtigen Schlüssel gefunden, wie «Mann mit Frau» spricht.

Daß Frauen anders kommunizieren als Männer, ist auf unterschiedliche Erziehung und unterschiedliche Sozialisationsprozesse zurückzuführen.

Frauen reden und sprechen anders aufgrund unterschiedlicher Sozialisationprozesse. Deborah Tannen spricht auch von einer interkulturellen Begegnung zwischen Frauen und Männern.

Interkulturell deshalb, weil Männer und Frauen über Identifikationsprozesse und Imitationslernen den gleichgeschlechtlichen Verhaltenskodex – und die jeweiligen Kommunikationsmuster übernehmen. Diese Sozialisationsprozesse haben unterschiedliche Prioritäten gesetzt im Hinblick darauf, worauf es dem einzelnen im Gespräch ankommt und worum es ihm im Gespäch geht.

Grundsätzlich gilt, daß auch Männer Beziehungsbotschaften aus Nachrichten herausfiltern.

Jeder kennt Personen, die, unabhängig von ihrer Geschlechtszugehörigkeit, sprichwörtlich scheinbar alles «in den falschen Hals» zu kriegen scheinen. Dies hängt sehr stark mit den individuellen Erfahrungen zusammen, die das Sprach- und Kommunikationsverhalten geprägt haben.

Erhalten wir nämlich sehr viele negative Beziehungsbotschaften, die uns, ob nonverbal oder verbal gesendet, vermitteln: «Du kannst das nicht, du schaffst das doch nicht, du kapierst ja nie etwas, du bist unsensibel» und so weiter, dann prägen sich solche Beziehungsbotschaften gleichermaßen tief bei Frauen wie auch bei Männern ein und erzeugen allmählich ein vielleicht überempfindliches «Beziehungsohr».

Alte, nicht verheilte Wunden, die uns geschlagen wurden, leiten einen schlimmen Teufelskreis ein, aus dem die meisten nicht herauskommen. Neue, vielleicht auch positive Erfahrungen werden im alten Raster interpretiert. Erhalten solche Personen ein Kompliment, sind sie nicht in der Lage, es anzunehmen. Was ihrem Selbstbild nicht entspricht (Ich kann nichts, ich bin nicht liebenswert), wird nicht aufgegriffen.

Wie sagte Julia Roberts in dem Film «Pretty Woman» so treffend zu Richard Gere: «Mir fällt es viel leichter, schlechte Dinge, die jemand über mich sagt, zu glauben als schöne Dinge.»

Es gibt keine allgemeingültigen Rezepte für den Umgang mit anderen Menschen. Man muß Sensibilität und Einfühlungsvermögen entwickeln.

Es geht in diesem Buch gerade nicht um Rezepte im Umgang mit Menschen, sondern um das Erlernen und das Sensibilisieren für die Welt des anderen. Die Fähigkeit zur Empathie ist gefordert.

Empathie zu besitzen, bedeutet, sich gefühlsmäßig in die Lage einer anderen Person versetzen zu können, ohne dabei jedoch eine gewisse Distanz zu verlieren oder sich zu sehr mit der anderen Person zu identifizieren. Ich bin ich, und du bist du. Weder Verschmelzung noch Symbiose ist gefordert.

Wer die Fähigkeit der Empathie besitzt, ist sensibel für emotionale und nichtverbale Botschaften des Gesprächspartners. Anhand der Körperhaltung, Gestik, Mimik registriere ich Signale, die mir helfen, den anderen zu verstehen und mit seinen Werthaltungen und Bedürfnissen zu akzeptieren.

Wer sich akzeptiert fühlt, muß nicht um persönliche Akzeptanz kämpfen und ist bereit für ein «sachliches» Gespräch.

Motivation

Wie motiviere ich meine Mitarbeiterinnen und Mitarbeiter?

Motivationstheorien gibt es wie Sand am Meer. Alle haben sich mehr oder weniger intensiv mit der Frage beschäftigt, wie Mitarbeiter zu mehr Leistung, mehr Kreativität und mehr Initiative bewegt werden können. Auf jeden Fall zu mehr …

Implizit beinhaltet schon diese Fragestellung eine negative Einstellung: Scheint der Mitarbeiter doch grundsätzlich von sich aus nicht motiviert und leistungsbereit genug zu sein. Ansonsten wäre ja jede Motivationsarbeit überflüssig.

Motivation von Mitarbeiterinnen und Mitarbeitern wird so zur Bewährungsprobe des Vorgesetzten, der sie entfesseln und zu bestimmten Leistungen motivieren kann oder eben nicht. Erwartet werden Vorgesetzte, die einen Weg finden, Mitarbeiterinnen und Mitarbeiter zu einem bestimmten Verhalten zu bewegen, das sie so – zumindest die Annahme – aus freien Stücken nicht an den Tag legen.

Etwaige Motivationsversuche in diese Richtung, etwa durch geschickt ausgetüftelte Anreizsysteme, aber auch durch gezielt eingesetztes Loben, um bestimmte Verhaltensweisen zu verstärken (nach dem Motto: «Zeigen wir doch einmal ein wenig Wertschätzung»), werden von Mitarbeitern auch genau als das entlarvt, was sie sind: Manipulation. Und die demotiviert.

In seinem Buch «Mythos Motivation» schreibt Reinhard Sprenger: «Die Datenbanken zur inneren Kündigung sind mittlerweile zum Bersten gefüllt; angst- und schwindelerregende Zahlen innerlich ganz-, halb- und teilgekündigter Arbeitnehmer erzwingen förmlich das ‚Was tun?‘» Same old story: Wenn den verstörten Zauberlehrlingen das Wasser bis zum Hals und höher steigt, rufen sie nach dem alten Hexenmeister, der die Dinge noch einmal zum Rechten wendet: Motivieren!

Niemand kommt auf die Idee, daß die Mechanik der Motivation selbst die Ursache der inneren Kündigung sein könnte!

Die Maslowsche Bedürfnispyramide

Menschen verhalten sich, weil sie ihre Bedürfnisse befriedigen wollen oder bestimmte Wertvorstellungen vertreten.

Ein Kind nörgelt, weil es Hunger hat. Ein Mitarbeiter fehlt 14 Tage, weil er sich von seinem Vorgesetzten nicht ernst genommen fühlt. Eine Frau weint, weil ihr Mann sie verlassen hat. Ein Außendienstmitarbeiter freut sich, weil er einen Auftrag bekommen hat.

In allen diesen Fällen handeln und verhalten sich Menschen, weil sie ihre Bedürfnisse befriedigen. Oder sie signalisieren durch Angst, Wut oder Ärger, daß ihre Bedürfnisse nicht befriedigt wurden.

Ein Mann kandidiert für eine bestimmte Partei, weil er der Meinung ist, daß bestimmte Ansichten über Politik oder Erziehung weiterverbreitet werden sollten. Ein Mann behandelt eine Mitarbeiterin von oben herab, weil er der Meinung ist, daß er als Vorgesetzter das Recht dazu hat. In beiden Fällen wird Verhalten durch bestimmte Wertvorstellungen bestimmt.

Maslow, ein amerikanischer Psychologe, versuchte die menschlichen Bedürfnisse pyramidenförmig einzuordnen. Er sprach auch von einer Hierarchie der Bedürfnisse.

Zuallererst streben die Menschen danach, ihre physiologischen Bedürfnisse zu befriedigen.

- Auf der untersten Ebene stehen die **physiologischen Bedürfnisse**. Dazu zählen solche Bedürfnisse, die der Mensch befriedigen muß, um zu überleben (Hunger, Durst, Schlaf, Liebe und so weiter).

Maslowsche Bedürfnispyramide

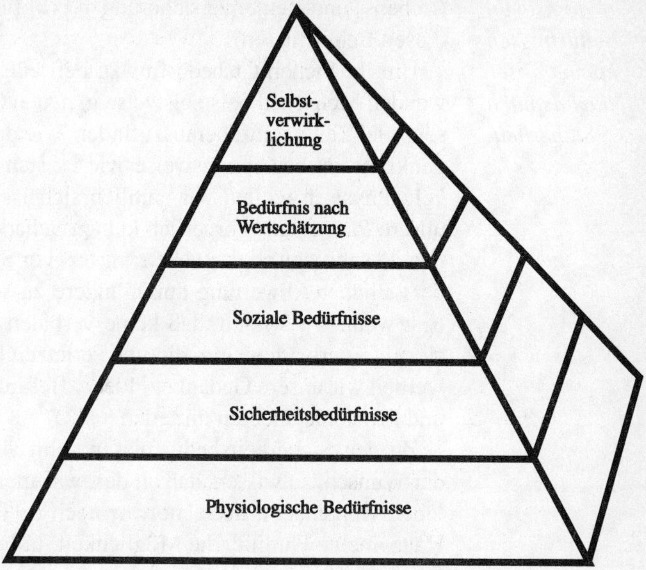

Die Befriedigung der physiologischen Bedürfnisse ist für den Menschen elementar. Wir alle kennen Situationen, in denen wir vor Hunger oder Müdigkeit nicht mehr lernen und uns auf unsere Arbeit konzentrieren konnten.

Menschen verwenden bei Nichtbefriedigung dieser fundamentalen Grundbedürfnisse all ihre Energien darauf, diesen Zustand zu ändern. Für kreative Arbeit bleibt dann nicht mehr viel Energie und Engagement übrig.

• Immer dann, wenn die Bedürfnisse einer Ebene befriedigt sind, trachtet der Mensch danach, Bedürfnisse einer «höheren» Ebene zu befriedigen. Auf der nächsthöheren Ebene stehen die **Sicherheitsbedürfnisse**.

Gleich nach unseren physiologischen Bedürfnissen kommt unser Bedürfnis nach Sicherheit.

Für Menschen ist es wichtig, sich in der Welt sicher zu fühlen, Vorsorge für das Morgen zu treffen (Lebens- und Rentenversicherungen profitieren von diesen Bedürfnissen).

Um ihr Sicherheitsbedürfnis zu befriedigen, verwenden Menschen beispielsweise in neuen Gruppen sehr viel Zeit darauf, herauszufinden, wie das Gruppenklima ist beziehungsweise wie es sich entwikkelt. Physisch wollen wir nämlich sicher sein, daß unsere Partner uns körperlich keinen Schaden zufügen. Psychologisch versuchen wir uns vor Spott und persönlicher Abwertung durch andere zu schützen. Erst wenn wir wissen, daß keine verbalen Aggressionen zu erwarten sind, die uns verletzen könnten, werden wir unsere Gedanken, Ideen, Befürchtungen und Probleme anderen mitteilen.

Zu den Sicherheitsbedürfnissen zählt aber auch der Wunsch, zu wissen, daß all das, was mein Leben lebenswert macht, auch morgen noch da ist: mein Haus, meine Familie, die Möglichkeit, in Urlaub zu fahren, und so weiter.

Sind physiologische Bedürfnisse und das Bedürfnis nach Sicherheit befriedigt, wendet der Mensch sich der Erfüllung seiner sozialen Bedürfnisse zu.

• Wir sind soziale Wesen, die den Kontakt und die Bindung zu anderen benötigen. Als kleines Kind brauchen wir die Bindung an eine Person, die für uns da ist, um zu überleben. Später schließen wir uns vielleicht einer Gruppe Gleichgesinnter an oder haben einige enge Beziehungen zu Freunden. Sich mit anderen verbunden zu fühlen, einer Gruppe anzugehören, in der man sich so geben kann, wie man ist, sind elementare **soziale Bedürfnisse** von Menschen.

Menschen, die in betrieblichen Organisationen nicht die Gelegenheit finden, ihre sozialen Bedürfnisse zu befriedigen (beispielsweise durch Teamarbeit), verlagern ihre sozialen Aktivitäten nach außen (Fußballklub, Kneipe, Subkultur).

• Nach Maslow möchten Menschen produktive Leistungen erbringen, deren Urheber sie selbst sind. Sie wollen Arbeiten verrichten, mit denen sie sich identifizieren können. Anerkennung und Wertschätzung von anderen zu erhalten, sind wichtige Indizien nicht nur des persönlichen Erfolgs, sondern prägen das Selbstwertgefühl des Menschen und dessen persönliche Selbstachtung. Unser **Bedürfnis nach Leistung, Erfolg und Wertschätzung** spielt eine immer wichtigere Rolle. Für viele Menschen nimmt der Wunsch nach sinnvoller Tätigkeit, das Verlangen nach Einbezogen-Werden in Entscheidungen und nach einer wertschätzenden Behandlung zu.

Während zu Beginn der 60er Jahre die Arbeitnehmer noch vorrangig Freizeit und materielle Entlöhnung als wichtige Arbeitswerte in den Vordergrund stellten, wurde das nun durch Spaß an der Arbeit, das Gefühl, eigene Ideen, eigenes Wissen und eigene Erfahrungen einbringen zu können, mehr und mehr verdrängt.

Wertschätzung, Erfolg und Befriedigung am Arbeitsplatz werden für die Menschen immer wichtiger.

- Menschen, die sich auf Stufe fünf der Maslowschen Bedürfnispyramide befinden, sind in der Lage, ihr volles Potential auszuschöpfen: Sie streben danach, ihr **Bedürfnis nach Selbstverwirklichung** zu befriedigen. Kreative und schöpferische Leistungen werden erbracht.

Da es sich hier um eine Hierarchie verschiedener Bedürfnisse handelt, ist das Erreichen der fünften Stufe unter anderem davon abhängig, ob den Mitarbeiterinnen und Mitarbeitern Gelegenheit geboten wird, ihre Bedürfnisse der vier unteren Ebenen zu befriedigen.

Wenn die Bedürfnisse der vier unteren Ebenen befriedigt sind, strebt der Mensch nach der höchsten Ebene: Selbstverwirklichung.

Der Wertewandel in unserer Gesellschaft

In einer Gesellschaft, in der verhältnismäßig gerechte Löhne gezahlt werden und reichlich Freizeit vorhanden ist, möchten Mitarbeiter vermehrt Bedürfnisse der Ebenen drei bis fünf verwirklichen.

Die Ebenen drei bis fünf – soziale Beziehungen, Erfolg, Leistung, Wertschätzung und Selbstverwirklichung – werden für die Mitarbeiter immer wichtiger. Darauf müssen sich Führungskräfte einstellen.

Die zunehmende Auflösung der Trennung zwischen Beruf und Freizeit hat ihr übriges dazu getan, Werte und Bedürfnisse von Mitarbeitern auch im beruflichen Bereich zu modifizieren.

Demokratische Grundhaltungen wie Partizipation, fairer Umgang miteinander, Selbstverwirklichung und Wertschätzung haben auch vor dem Berufsleben nicht haltgemacht und stellen für viele Mitarbeiter wichtige persönliche Werte da.

Der Weg zur inneren Kündigung und Demotivierung ist dann nicht weit, wenn Mitarbeiter feststellen, daß sie für ihre zentralen Werte und Bedürfnisse im betrieblichen Alltag keinen Resonanzboden finden. Dies wird um so deutlicher empfunden, als Betriebe nach außen hin oftmals das Gegenteil bekunden.

Wir möchten die These von Sprenger, daß die Mechanik der Motivation die Ursache der «inneren Kündigung» von Mitarbeitern sei, etwas modifizieren. Wir sind der Auffassung, daß die innere Kündigung und Demotivation von Tausenden von Mitarbeitern auch Ausdruck einer Inkongruenz zwischen betrieblichen Ansprüchen (beispielsweise kooperativ-partizipatorisch zu führen) und der tagtäglich praktizierten Realität ist. Verfahren wird vielfach nach dem Motto «wasch mich, aber mach mich nicht naß»: Wer Mitarbeiter ohne deren Bereitschaft auf Führungsseminare entsendet, damit sie einen demokratisch-partizipatorischen Führungsstil erlernen, führt sich selbst ad absurdum. Demokratie beginnt immer von oben nach unten. Unsere inneren Einstellungen offenbaren sich in unserem Verhalten. Wird das als stimmig erlebt, führt dies zu Vertrauensaufbau und Einflußgewinnung.

Unstimmigkeit aber produziert Demotivation und Frust.

Wer mit Lean Management und erstklassigen Produkten aufwarten will, muß für ein zwischenmenschliches Klima sorgen, das Mitarbeiter nicht demotiviert und frustriert, sondern es ihnen ermöglicht, eigene Lösungen für komplexe Aufgaben zu finden, also kreativ zu sein.

Dazu müssen Organisationen und Führungskräfte ihren Mitarbeitern die Gelegenheit zur Erreichung von Stufe fünf der Bedürfnispyramide ermöglichen.

Menschen sind leistungsbereit, sind kreativ, sind motiviert. Erinnern wir uns an Kinder, deren Wißbegier und Kreativität unendlich ist.

Menschen finden sehr oft Verhältnisse vor, die ihre Motivation im Keim ersticken oder Demotivationen verfestigen. Strukturen, die sie nicht an Entscheidungen beteiligen, Vorgesetzte, die Auseinandersetzungen mit subtilen Drohungen lösen, die hierarchische Verhältnisse kultivieren, statt sie abzubauen. Statt krampfhaft motivieren und Menschen verändern zu wollen, wäre es besser, ein zwischenmenschliches Klima zu schaffen, das Raum gibt. Raum für persönliche und berufliche Entfaltung, Raum für Kreativität, Raum für Eigenverantwortung und Selbstmotivation als höchste Form der Motivation.

Führungskräfte müssen ein Betriebsklima schaffen, das dem Mitarbeiter Raum für Entfaltung, Kreativität und Eigenverantwortung gibt.

Warum nicht offen sagen, was ich brauche, wünsche, haben möchte, die Gegenseite anhören, ernst nehmen und gemeinsam um eine Lösung verhandeln – unter Partnern, versteht sich. Konsens-Prinzip ist angesagt, wenn ich Mitarbeiter nicht vergraulen will. Wirklich ernst machen mit dem kooperativen Führungsstil. Ernst machen mit dem Vorsatz, Mitarbeiter mit Respekt und Wertschätzung zu behandeln.

Aber das Konsens-Prinzip funktioniert nicht, wenn wir im Innern die Einstellung haben, mein Gegenüber sei ein potentieller Konkurrent, der nur auf den entscheidenden Moment wartet, mich auszustechen, um vor mir auf die wenigen gut dotierten «oberen» Pöstchen zu gelangen. Oder der seine Interessen, sobald sich eine Gelegenheit ergibt, zu meinem Nachteil durchsetzt.

In vielen Seminaren wird immer wieder betont, wie wichtig die Pflege einer offenen und transparenten Kommunikation für eine effektive Zusammenarbeit ist. In einem Wertesystem des Wettbewerbs und des Statusdenkens kann dies nicht oder nur bedingt funktionieren. Kommunikative Transparenz bedeutet letztendlich ja auch, sich selbst zu öffnen und damit Gefahr zu laufen, persönliche Strategien im Konkurrenzkampf preiszugeben.

Die Kultivierung eines partizipativen, kooperativen Führungsstils wird aber zukünftig zur überlebensnotwendigen Aufgabe für jedes Unternehmen werden, das am Ball bleiben will. Galten noch vor wenigen Jahren lediglich die finanziellen Ergebnisse als Kriterium führungsmäßiger Effektivität, so scheint sich doch in den meisten Führungsetagen langsam die Erkenntnis durchzusetzen, daß ohne ein «Management by Mensch» in Betrieben gar nichts mehr funktioniert.

«Management by Mensch» ist angesagt.

Eine hohe Arbeitszufriedenheit der Mitarbeiter und deren damit einhergehende hohe Arbeitsmotivation und Identifikation mit der Organisation sind der Garant für beste finanzielle Ergebnisse.

Jeder Mitarbeiter ist heute ein hochqualifizierter Spezialist auf seinem jeweiligen Gebiet. Das Knowhow jedes einzelnen zur Problemlösung und Produktentwicklung einzubinden, ist die einzige Chance für europäische Firmen, auf Dauer in einem internationalen Markt zu überleben, dessen Produkte qualitativ immer hochwertiger und verbraucherorientierter werden.

Das setzt jedoch voraus, daß Führungskräfte über bestimmte zwischenmenschliche Basisqualifikationen verfügen. Eine wesentliche zwischenmenschliche Basisqualifikation ist die Fähigkeit zur Empathie als Voraussetzung dafür, Bedürfnisse des Mitarbeiters oder aber auch des Kunden adäquat zu erfassen und für dessen Befriedigung zu sorgen. Da die Bedürfnisse eines jeden Menschen aber individuell verschieden sind, können Rezeptvorschläge nach dem Motto «Wie motiviere ich Herrn X?» nur versagen.

Zwischenmenschliche Beziehungen werden in Betrieben immer wichtiger. Hier müssen Führungskräfte noch viel dazulernen.

Zwischenmenschliche Basisqualifikationen, die auf einem positiven Menschenbild basieren, sind gefragt: Denn jeder Mensch ist anders, hat andere Bedürfnisse und Interessen, die sich zwar in bestimmte Kategorien einpassen lassen, aber eine individuelle Prägung besitzen. So empfindet zum Beispiel Herr Meier ein Lob als Wertschätzung, Frau Müller dagegen vielleicht als Kritik an ihrer sonstigen Arbeit.

Eine zentrale These dieses Buches basiert auf der Annahme, daß Frauen einige dieser zentralen Führungsqualifikationen besitzen, und zwar nicht, weil sie prinzipiell die besseren Führungspersönlichkeiten sind, sondern aufgrund ihres anders gearteten Sprach- und Kommunikationsverhaltens.

Ihr geringes Interesse an Statusrangeleien, Macht- und Dominanzspielchen prädestiniert sie für eine partnerschaftlich-kooperative Mitarbeiterführung und gelungene Teamarbeit, in der der Mensch im Mittelpunkt steht.

Zusammenarbeit

Modernes ganzheitliches und partizipierendes Management

«Vielleicht sollten wir das Wort Mann für solche männlichen Wesen reservieren, die begonnen haben, nicht mehr wie Stammeskrieger zu handeln und zu fühlen, und die nicht mehr in anderen Männern, in Frauen, in der Natur, Feinde sehen, die es zu erobern gilt.»

Sam Keen

Wichtige Voraussetzungen für ein effektives Gespräch sind Einfühlung in den Gesprächspartner, Wertschätzung und Echtheit (Kongruenz).

Führung beginnt im Gespräch. Effektive Gespräche sind an drei wesentliche zwischenmenschliche Variablen gebunden. Sie basieren auf der Fähigkeit zur Einfühlung in meinen Gesprächspartner (Empathie), unbedingter Wertschätzung und Echtheit (Kongruenz).

Wer echt und stimmig kommuniziert und handelt, wer einfühlend auf andere eingehen kann, wer andere mit Wertschätzung behandelt, ohne diese Wertschätzung an Bedingungen zu knüpfen, schafft konstruktive und entwicklungsfähige Bedingungen für die Menschen in einer Organisation und damit für die Organisation selbst.

Die weitverbreitete Skepsis gegenüber seelischen und emotionalen Prozessen zugunsten sachlicher, rational-analytischer Managementtechniken hat viele Organisationen genau dessen beraubt, was zum Überleben dringend notwendig wäre: Kreativität, Begeisterungsfähigkeit und innovatives, vernetztes Denken der Organisationsmitglieder.

Jede Einseitigkeit bringt Systeme ins Schwanken. Und Organisationen sind Systeme, die feinfühlig reagieren. Gerade die Ausgewogenheit der Kräfte und Energien bringt wirkliches Wachstum mit sich.

Immer dann, wenn wir in uns oder in Organisationen eine Seite, die potentiell vorhanden ist, zum Verstummen bringen oder bringen lassen, weil wir sie als minderwertig betrachten, berauben wir uns damit der positiven Seite dieser Kräfte.

Zu diesem Thema schreibt Siegfried Rudolf Dunde in dem Buch: «Männer – Auf der Suche nach einer neuen Identität»:

**Das vergeudete Leben oder:
Vom Sinn und Unsinn der Grammatik**

Ein Mullah, stolzer Besitzer eines Kahns, lud den Schulmeister seines Dorfes zu einer Bootsfahrt auf dem Kaspischen Meer ein. Behaglich rekelte sich der Schulmeister unter dem Sonnendach des Bootes und fragte den Mullah: *«Wie wird wohl heute das Wetter werden?»* Der Mullah prüfte den Wind, blickte zur Sonne, runzelte die Stirn und sagte: *«Wenn du mir fragst, wir kriegen Sturm.»* Entsetzt rümpfte der Schulmeister die Nase und kritisierte: *«Mullah, hast du nie Grammatik gelernt? Das heißt nicht mir, sondern mich.»* Dafür hatte der so Getadelte nur ein Achselzucken übrig: *«Was kümmert mir die Grammatik?»* Der Schulmeister war verzweifelt: *«Du kannst keine Grammatik. Damit ist die Hälfte deines Lebens vergeudet.»*

Wie es der Mullah vorausgesagt hatte, zogen am Horizont dunkle Wolken auf, ein starker Sturm peitschte die Wogen, und das Boot schwankte wie eine Nußschale. Die Wellen ergossen riesige Wassermengen über das kleine Schiff. Da fragte der Mullah den Schulmeister: *«Hast du jemals in deinem Leben schwimmen gelernt?»* Der Schulmeister antwortete: *«Nein, warum sollte ich denn schwimmen lernen?»* Breit grinsend gab der Mullah zur Antwort: *«Damit ist jetzt dein ganzes Leben vergeudet, denn unser Boot ist gerade dabei, zu sinken.»*

Wir müssen lernen, nicht nur mit dem Kopf zu leben, sondern auch unser Gefühl zu seinem Recht kommen zu lassen.

Dunde schreibt dazu: «Vielleicht ist das Wasser des Kaspischen Meeres in dieser Parabel wie ein Symbol dafür, daß alles in Fluß geraten ist. Zumindest läßt sich dies ja für das Verhältnis zwischen den Geschlechtern in unseren Breiten behaupten. Die beiden Männer – den Geistlichen und den Lehrer – können wir getrost als zwei Hälften von uns selber begreifen: einmal die Rationalität, auf die wir stolz sind und die wir für unser Überlebensmittel halten, zum anderen die Fähigkeit, mit den Elementen des Lebens zu gehen und sich ihnen anzupassen, also Lebendigkeit, Körperlichkeit und Gefühl, jene Bereiche, die in der Erziehung zum Mann am ehesten eingegrenzt und zurückgedrängt werden. Zum Leben auf den zuweilen stürmischen Wellen der menschlichen Existenz reicht es eben nicht, mit vollem Kopf und leerem Herzen (oder Bauch) anwesend zu sein. Damit wir (Männer) das Leben nicht vergeuden, brauchen wir seine beiden Hälften. Dies zu erkennen – und die Erkenntnis umzusetzen –, damit sind wir erst am Anfang.»

Gegenseitige Schuldzuweisungen der Geschlechter bremsen und verhindern dauerhafte Veränderung und persönliche Entwicklung stärker, als daß sie sie begünstigen. Besser ist es, die eigenen Anteile zu erkennen und sich an der kreativen Neugestaltung der Synergie weiblicher und männlicher Kräfte zu beteiligen.

Ganzheitliches Denken und Handeln

Seit einigen Jahrzehnten wissen wir, daß die verschiedenen Gehirnhälften unterschiedliche Aufgaben wahrnehmen. Bekannt ist auch, daß wir eine Hälfte unseres Gehirns wenig nutzen. Die rechte Hirnhälfte, die hauptsächlich für intuitives Denken, Imagination, Gefühle und das Erfassen nichtverbaler Symbole zuständig ist, wird meist vernachlässigt.

Unsere linke Gehirnhälfte arbeitet analytisch-logisch, die rechte ist für Intuition, Phantasie, Kreativität und Gefühle zuständig.

Dafür beanspruchen wir aber unsere linke Gehirnhälfte, die analytisch-logisch arbeitet, sehr stark.

Für die Lösung einfach strukturierter Probleme ist die analytisch-logisch arbeitende Methode bestens geeignet. Anhand von Datensammlungen können dabei einfache Zusammenhänge analysiert, Problemlösungen entwickelt und Vorhersagen linear getroffen werden. Je komplexer und differenzierter Probleme aber werden (etwa weil unbekannte Faktoren oder unvorhergesehene Größen eine präzise

Vorhersage unmöglich machen), desto weniger ist die linke Gehirnhälfte allein für eine effektive Problemlösung geeignet.

Probleme der heutigen Zeit setzen sich immer stärker auch aus vielen unbekannten Faktoren zusammen. Daher benötigen wir für die effektive Problemlösung vernetztes und ganzheitliches Denken. Selbstverständlich zählt dazu auch die Fähigkeit zu kreativem, prozeßhaftem und vor allem intuitivem Denken.

Männer setzen zur Problemlösung stärker die linke Gehirnhälfte ein, Frauen eher die rechte.

Ebenfalls bekannt ist schon seit Jahren, daß Männer meist stärker als Frauen die linke Hirnhälfte zur Problemlösung benutzen (also rational-analytisch operieren). Frauen setzen demgegenüber stärker die rechte Hirnhälfte zur Problembewältigung ein.

Aber nur wer ganzheitlich denkt (also beide Hirnhälften entwickelt hat), kann ganzheitliche und komplexe Ideen und Problemlösungen entwickeln. Eine mögliche Alternative dazu: Optimale Ergebnisse und innovatives Denken entstehen im synergetischen Spiel männlicher und weiblicher Mitarbeiter in einem Team.

Nur ganzheitliches Denken führt zum Erfolg. Linke und rechte Gehirnhälfte, Männer und Frauen müssen sich ergänzen.

Die Akzeptanz weiblicher und männlicher Prinzipien als gleichwertige und sich komplementär verhaltende Elemente ergibt ein optimales Zusammenspiel der Kräfte.

Fernöstliche Manager haben diese Weisheit schon von jeher für sich zu nutzen gewußt. Sie lösen Probleme intuitiv (mit gefühlsmäßigen und instinktiven Einsichten – rechte Gehirnhälfte) unter Hinzuziehung quantifizierbarer Daten (linke Gehirnhälfte).

Teamarbeit

Teamarbeit und Innovation

Innovation ist ein Prozeß, der symmetrische Kommunikationsverhältnisse voraussetzt. Symmetrische

Kommunikation ist Kommunikation der Partner auf gleichen Ebenen.

Im Gegensatz zur symmetrischen ist eine asymmetrische Kommunikation relativ monologisch und meist mit Informationsverlust verbunden. Entwicklungsprozesse, die vom Austausch der Daten leben, werden bei asymmetrischen Kommunikationsprozessen oftmals verhindert. Daher sollten symmetrische Verhältnisse in einem Team vorherrschen.

Ohne symmetrische Kommunikation (= Kommunikation der Partner auf gleicher Ebene) ist Innovation nicht möglich.

Eine dialogische Kommunikation setzt aber die Akzeptanz der eigenen Person und die Akzeptanz der anderen Person im Sinne eines «Du bist o.k. / Ich bin o.k.» voraus.

Selbstwertgefühl

Was für ein Menschenbild haben Sie? Haben Menschen einen Wert an sich, oder ist ein Mensch für Sie nur dann etwas wert, wenn er etwas leistet, wenn er so denkt wie Sie, wenn er so handelt, wie Sie es wünschen?

Unser Gefühl für unseren eigenen Wert und den Wert unserer Mitmenschen hängt sehr stark von Leistung, Erfolg und Status ab.

Die meisten Menschen erkennen anhand dieser Fragestellung sehr schnell, daß sie persönliche Wertschätzung nur dann für den anderen empfinden, wenn er die letztgenannten Verhaltensweisen an den Tag legt. Aber sie erkennen auch, daß sie sich selbst ebenfalls nur dann als wertvoll empfinden, wenn sie glauben, bestimmten Ansprüchen genügen zu können.

Aber wer andere wertschätzen will, muß erst einmal sich selbst wertschätzen. Wir gehen mit anderen Menschen so um, wie wir es mit uns tun. Wer andere ständig kritisiert, nur die negativen Seiten sieht und betont, wird sich selbst auch so behandeln.

Wenn wir selbst mit uns in einer geringschätzigen Art und Weise umgehen, wieviel Wertschätzung können wir dann dem anderen geben?

Wer andere wertschätzen will, muß bei sich selbst anfangen. Leider wird dies oft vergessen. In dem

Bemühen, andere zu verändern, vergessen wir, daß konstruktive Veränderung bei uns persönlich beginnen muß.

Es geht also nicht darum, Motivations- und Führungstechniken zu erlernen, die primär die Veränderung des anderen zum Ziel haben. Wer solche Techniken einsetzt, liefert immer eine Botschaft mit: «So wie du bist, bist du nicht o.k.» Mein Gegenüber wird diese Botschaft empfangen.

Auch der Appell dieses Buches lautet nicht: Männer und Frauen, verändert euch, sondern akzeptiert euch als lebendige und vielschichtige Persönlichkeiten.

«Es ist ein seltsames Paradoxon, daß ich mich dann verändere, wenn ich mich so akzeptiere, wie ich bin», schreibt Carl Rogers, der Begründer der Gesprächspsychotherapie.

Sich selbst zu akzeptieren, bedeutet, sich mit allen Facetten des Menschseins zu akzeptieren, mit eigenen Stärken und Schwächen. Mich zu akzeptieren, setzt voraus, daß ich mich nicht verführen lasse von den Urteilen der anderen, die mir suggerieren: «Orientiere dich in deiner Meinung und deinem persönlichen Wert immer an den Meinungen anderer. Sei nicht mit dir zufrieden, solange die anderen nicht mit dir zufrieden sind.»

Mich selbst akzeptieren, bedeutet zu wissen, daß ich einen eigenen Wert habe, der unabhängig vom Äußeren ist. Nicht das prestigeträchtige Auto, nicht die Rolle, sondern ich als Mensch habe einen Wert an sich, als Frau, als Mann.

Jedem Unterlegenheits-, aber auch jedem Überlegenheitsgefühl liegt letztendlich ein Gefühl der Minderwertigkeit zugrunde. Wir messen uns mit anderen und stellen dabei immer wieder fest, daß Dinge an uns nicht so gut sind wie bei anderen.

Wir machen unser Selbstwertgefühl zu sehr von der Anerkennung der anderen abhängig.

Da wir unseren Wert aus dem Vergleich mit anderen ziehen, bedeutet «nicht so gut sein wie der andere» oft auch, versagt zu haben.

Aber der Preis für dieses Selbstwertgefühl ist hoch. Wie wertvoll sind wir noch, wenn man uns Statussymbole, Anerkennung und Bestätigung entzieht? Was bleibt, wenn wir den Leistungsanforderungen nicht genügen?

Viele Dinge in unserem Leben tun wir, um erfolgreich zu sein oder weil wir die Bestätigung von anderen zur Aufrechterhaltung unseres Selbstwertgefühls benötigen. Aber während wir auf der Suche nach der Anerkennung der anderen sind, vernachlässigen wir unsere persönliche Entwicklung. Wir zeigen uns und anderen nur noch die Seiten, von denen wir glauben, daß sie Akzeptanz finden. Der Rest wird nicht entwickelt, vielleicht auch verdrängt.

Das Akzeptieren unseres inneren persönlichen Wertes und der Respekt vor uns selbst kann aber nicht von äußeren Größen abhängen, sondern muß aus uns selbst kommen. Wer sich selbst akzeptiert, entwickelt sich. Wer bestimmte Wesens- und Charakterzüge an sich für minderwertig hält, muß diese unterdrücken und verstecken, vielleicht sogar an anderen bekämpfen. Denn was wir an uns selbst als minderwertig empfinden, ist selbstverständlich auch an anderen minderwertig.

Minderwertigkeitsgefühle und das Streben nach totaler Unabhängigkeit sind stark miteinander verknüpft. Jedes Kind strebt danach, erwachsen zu sein, niemanden mehr zu brauchen, der ihm sagt, was zu tun oder zu lassen ist, der es bevormundet, dem es hilflos ausgeliefert ist.

Wir müssen auch unsere Schwächen und unsere Unvollkommenheit akzeptieren. Übersteigertes Unahängigkeitsstreben ist verfehlt. Wir sind soziale Wesen und aufeinander angewiesen.

Aber irgendwann werden wir erkennen, daß wir nie völlig unabhängig sein werden. Wir sind soziale Wesen, die einander brauchen.

Aus diesem Teufelskreis kommen wir nur heraus, wenn wir endlich Schluß machen mit dem Versteckspiel. Ich darf unvollkommen sein. Ich bin in bestimmten Dingen gut, in anderen weniger gut.

Manche Dinge kann ich gar nicht. Im großen und ganzen bin ich genauso gut und so schlecht wie alle anderen.

Wer Überlegenheit dokumentiert, sagt damit: Ich bin besser als du. Wer sich selbst akzeptieren kann, der kann anderen gegenüber aufrichtiger sein, kann sich zeigen, so wie er ist. Hier beginnt wirkliches Wachstum, und hier wird die innovative Seite partnerschaftlicher Konfliktbewältigung deutlich.

Erst wenn ich authentisch handeln und mich authentisch geben kann, werden es auch die anderen tun. Probleme werden erkannt und bearbeitet.

Nichts ist gefährlicher beim Aufzeigen von Problemen, die ein Mitarbeiter mit einem Vorgesetzten besprechen will, als die Antwort: «Wie, das kriegen Sie nicht in den Griff? Wofür werden Sie denn bezahlt?»

Wahre Selbstsicherheit, die aus dem Inneren kommt, braucht kein Streben nach Überlegenheit. Doch leider wird dies generell immer noch nicht so gesehen. Selbstsicherheit wird oft gleichgesetzt mit «sich gut verkaufen können», «keine Schwächen

Inkongruenz

zeigen», «auf alles eine Antwort wissen», «über den Dingen stehen».

Wer wirklich selbstsicher ist, respektiert die Bedürfnisse des anderen ebenso wie die eigenen. Selbstsichere Menschen kennen ihre Bedürfnisse und Interessen und versuchen sie zu wahren, respektieren aber immer auch die Bedürfnisse des Partners. Frauen sollten sich in dieser Hinsicht ernster nehmen. Um Beziehungen nicht zu gefährden, verzichten Frauen oft auf die Verwirklichung von eigenen Interessen. Frauen malen sich sehr häufig in ihrer Phantasie aus, wie der Partner oder die Partnerin darauf reagieren würde, wenn sie sich durchsetzen oder einmal eine Bitte ablehnen. Schon allein der Gedanke, der andere könnte ihnen Sympathien entziehen, ist für viele Frauen so schrecklich, daß sie es gar nicht erst wagen, selbstbehauptendes Verhalten auszuprobieren.

Wer wahrhaft selbstsicher ist, braucht nicht nach Überlegenheit zu streben. Doch leider wird Selbstsicherheit immer noch viel zu sehr mit «sich gut verkaufen können» und «keine Schwächen zeigen» gleichgesetzt.

Viele unserer Haltungen und Einstellungen haben sich durch unsere Erziehung und andere wichtige Einflüsse verfestigt. Frauen müssen für sich selbst überprüfen, wie sich bestimmte Haltungen (zum Beispiel *«Bewege dich immer in einem Netz enger Beziehungen, ohne die kannst du nicht alleine überleben»)* entwickelt haben, welche davon brauchbar für sie sind und welche sie in ihrer persönlichen und beruflichen Entwicklung behindern.

Ohne Gleichwertigkeit der Mitglieder ist Teamarbeit nicht möglich

Teamarbeit ist mittlerweile in aller Munde. Die Idee, daß die Effizienz und Kreativität eines Teams den Leistungen eines Einzelkämpfers und Einzeldenkers weit überlegen ist, scheint sich langsam durchzusetzen.

Weniger klar scheint jedoch vielen die Tatsache, daß Teamwork und Teamentwicklungsprozesse an bestimmte Grundvoraussetzungen gebunden sind,

die über Erfolg oder Mißerfolg von Teamarbeit mitentscheiden.

Teams sind in der Regel kleine, auf bestimmte Aufgaben bezogene Arbeitsgruppen, die eine gemeinsame Zielsetzung haben, beispielsweise an einem gemeinsamen Projekt zu arbeiten.

In einem Team, das sich aus individuellen Persönlichkeiten, Experten und Spezialisten zusammensetzt, zählen Konflikte zur Tagesordnung.

Um Teamentwicklungsprozesse in Gang zu halten, ist das Bewußtsein wichtig, daß Konflikte in Gruppen normal sind und nur dann ihre destruktiven Auswirkungen (vor allem auf die Sacharbeit) entfalten, wenn sie nicht oder schlecht gelöst werden.

Konflikte, werden sie kooperativ gelöst, das heißt, zur Zufriedenheit aller, haben innovativen Charakter. Bei der Suche nach Lösungen, mit denen nach Möglichkeit alle Mitglieder der Gruppe leben können, müssen oftmals ungewöhnliche Wege gegangen werden. So entstehen kreative Lösungen, die sich von den Schwarzweiß-Lösungen der Vergangenheit unterscheiden. Kooperativ gelöste Probleme sind nicht nur kreativ – gleichzeitig verstärken sie durch die gemeinsame Konfliktbewältigung auch den Gruppenzusammenhalt und das Wir-Gefühl.

Im Team erarbeitete Problemlösungen sind kreativer und verstärken das Wir-Gefühl.Im Team erarbeitete Problemlösungen sind kreativer und verstärken das Wir-Gefühl.

Aber ohne entsprechende soziale und kommunikative Kompetenzen, die die Gleichwertigkeit der Menschen und deren Bedürfnisse betonen, wird eine gelungene Teamarbeit und Teamentwicklung nicht möglich sein.

Sind Vorgesetzte Mitglieder eines Teams, werden gerade sie darauf achten müssen, die Rolle eines «ganz normalen» Gruppenmitglieds einzunehmen. Der besondere Status sollte gerade von ihnen nicht hervorgekehrt werden. Die Teammitglieder müssen sicher sein, daß der Vorgesetzte alle Beiträge und Vorschläge gleichwertig honoriert, sie nicht bewertet oder lächerlich macht.

Im Team darf der Vorgesetzte nicht auf seinen Sonderstatus pochen, sondern muß die Rolle eines «ganz normalen» Gruppenmitglieds spielen.

Je mehr der Gruppenleiter die Mitglieder auf sich zentriert, desto größer ist die Wahrscheinlichkeit, daß sie sich in ihren Äußerungen danach ausrichten, «was beim Boß ankommt und was nicht»!

Phasen der Teamentwicklung

Kommen die Gruppenteilnehmer das erstemal miteinander in Kontakt, wird zunächst einmal vorsichtig geprüft, was möglich ist und was nicht. Die Teilnehmer strecken auch auf der rein menschlichen Ebene ihre Fühler aus. Was sind das für Menschen in der Gruppe? Welche Regeln sollen hier gelten?

Schnell treten die ersten Konflikte auf. In dieser Phase ist die Teamleitung mit ihren sozialen, konfliktlösenden und moderierenden Fertigkeiten besonders gefordert: Ihre Aufgabe besteht in dieser Phase vor allem darin, sämtliche Teammitglieder zu integrieren, Kleingruppenbildung und Separatismus zu vermeiden. Gleichzeitig muß in dieser Phase das Bewußtsein in der Gruppe geschärft werden, daß Individualismus und Meinungsvielfalt erwünscht sind.

Die Teamleitung ist hier Vorbild für die Gruppe. Die Gruppe testet in dieser Phase aus, wie glaubwürdig die Teamleitung ist, das heißt, wie sehr sich die Teamleitung selbst an die demokratischen Spielregeln hält. Echtheit, Wertschätzung und Empathie als zwischenmenschliche Führungskompetenzen sind in dieser Phase für den Beziehungsaufbau in der Gruppe besonders wichtig.

Gruppendynamische Kenntnisse sind dazu unbedingt nötig. Sobald jedoch die Beziehungen innerhalb des Teams weitestgehend geklärt sind und sich die Verhaltensspielregeln und Normen der Gruppe entwickelt haben, kann effektive Sacharbeit beginnen.

Die Teamleitung muß in dieser Phase auf eine straffe, inhaltlich ausgerichtete Moderation achten, ohne dabei zwischenmenschliche Konflikte und Widerstände in der Gruppe zu übersehen. Wenn emotionale Widerstände nicht beachtet werden, kommt es zu Störungen auch in der Sacharbeit.

Gelingt der Teamleitung der Spagat zwischen konzentrierter inhaltlicher Moderation und der

Klärung von zwischenmenschlichen Konflikten, herrscht ein von gegenseitiger Wertschätzung geprägtes Arbeitsklima in der Gruppe vor.

Das Team arbeitet kreativ und produktiv an seinen Sachaufgaben.

Beziehungsklärungen bei auftretenden Konflikten werden mehr und mehr von den Gruppenmitgliedern selbst vorgenommen. Konflikte werden so konstruktiv bearbeitet und nicht ignoriert. Die Teamleitung zieht sich stärker aus dem Gruppenprozeß zurück. Die Teammitglieder sind in der Lage, diese Rolle zu übernehmen. Sie kooperieren miteinander und arbeiten, entsprechend ihren Kompetenzen und Stärken, synergetisch an den jeweiligen Sachthemen.

Effektive Teamarbeit bringt zahlreiche Vorteile für den einzelnen, aber auch für die Gesamtorganisation.

Teammitglieder befriedigen in der Gruppe ihre Bedürfnisse nach sozialem Kontakt und sozialer Anerkennung. Das führt zu einer hohen Arbeitsmotivation und einer stärkeren inneren Bindung an das Unternehmen.

Die Arbeitsmotivation ist im Team höher, da das Bedürfnis nach sozialem Kontakt befriedigt wird.

Soziale, kommunikative und kooperative Fähigkeiten werden in der Teamarbeit entwickelt.

Es werden Problemlösungen erarbeitet und Entscheidungen getroffen, die besser, kreativer und differenzierter sind, als eine Einzelperson sie zu entwickeln in der Lage gewesen wäre.

Besonders dort, wo komplexe Probleme bewältigt werden sollen und dazu die Zusammenarbeit mehrerer Spezialisten nötig wird, ist Teamarbeit der entscheidende Faktor für Innovation und Erfolg.

Frauen können im Team eine wichtige Rolle spielen

Ein gut funktionierendes Team braucht motivierte, miteinander kooperierende Mitglieder, deren Individualität und Nonkonformismus gerade den Erfolg des Teams prägen. Teamleiter und Teamleiterinnen brauchen dazu spezielle Kompetenzen. Die Aufgabe der Führungskräfte der Zukunft wird stärker die von Moderatoren sein, das heißt, die individuellen Persönlichkeiten in kooperative Prozesse einzubinden. Mehr als jemals zuvor werden Führungskräfte beweisen müssen, daß sie nicht nur Fachexperten, sondern auch Spezialisten für zwischenmenschliche Beziehungen sind.

Führungskräfte werden in Zukunft stärker die Rolle von Moderatoren spielen. Sie müssen nicht nur Fachexperten sein, sondern auch ein feines Gespür für zwischenmenschliche Beziehungen haben.

Da es unmöglich ist, auf jedem Gebiet, sei es in Sachfragen oder zwischenmenschlichen Fragestellungen, Experte zu sein, wird ihre Aufgabe darin bestehen, in Gesprächen Problemlösungsprozesse einzuleiten. Der Mitarbeiter wird, im Rahmen von Selbststeuerungsprozessen, Selbstmanagement betreiben. Der Vorgesetzte kann dabei im Sinne einer Hilfe zur Selbsthilfe unterstützend eingreifen (aktives Zuhören). Zukünftig werden Persönlichkeiten gefragt sein, die dafür sorgen, daß Probleme entdeckt und intelligent gelöst werden.

Frauen mit ihrer Intuition und ihrem Gespür für zwischenmenschliche Beziehungen können im Team besonders wertvoll sein.

Die Arbeitszelle der Zukunft ist das Team. Wichtig ist es, Frauen stärker in Teamprozesse einzubinden, von Frauen zu lernen, wie sie Beziehungen herstellen, ihr Gespür für Beziehungsstörungen und ihre Gabe der intuitiven Problemlösung stärker zu nutzen. Was Frauen von Männern lernen könnten, wäre deren Geschick, Teamsitzungen in den Phasen der produktiven Sacharbeit gezielt am Thema zu halten. Frauen tun sich in dieser Hinsicht etwas schwer. Da sie niemanden kränken und auf keinen Fall autoritär erscheinen wollen, greifen sie oft zu spät in Nebengespräche ein, lassen Diskussionen «laufen» und verlieren dabei schneller den roten Faden.

Überlegenheitsgefühl verhindert Innovation

Die Grundlage aller Erneuerung und Innovation fußt auf einer grundsätzlich vorhandenen Veränderungsbereitschaft, der Bereitschaft, den eigenen Standpunkt, die eigene Haltung in einer dialogischen Auseinandersetzung zu reflektieren und zu überprüfen.

In einer solchen Auseinandersetzung sind wechselseitige Lernprozesse möglich. Wer sich aber einer Sache oder einer Person gegenüber überlegen fühlt, glaubt sich nicht mehr mit ihr auseinandersetzen zu müssen. Der eigene Überlegenheitsanspruch drückt dem anderen den Stempel der Minderwertigkeit und des Defizitären auf. Lernprozesse finden mit so einer inneren Haltung nicht mehr statt, eher wird der Versuch der Domestikation unternommen, das heißt, es wird versucht, Persönlichkeiten zu verändern und anzupassen.

Lernprozesse können nur in einem Arbeitsklima stattfinden, in dem keiner sich dem anderen überlegen fühlt.

Überlegenheitsgefühle verhindern Wachstumsprozesse und damit Innovation. Das Bedürfnis nach Überlegenheit der alten Industrienationen stachelt den Ehrgeiz der Nationen an, die sich jahrzehntelang minderwertig und von oben herab behandelt fühlten. Solche Prozesse finden sich historisch und ganz brandaktuell in der deutschen Wirtschaftsgeschichte wieder. Wer glaubt, mit seinen Produkten «made in Germany» im Konkurrenzgeschäft weit vorne zu liegen, braucht sich um Produktentwicklung keine Gedanken mehr zu machen. Erst ein Schockerlebnis, wie eine wirtschaftliche Rezession, weckt aus dem Dornröschenschlaf. Schuld an der Misere ist dann aber nicht die eigene Sucht nach Überlegenheit, die blind werden ließ für eine realistische Einschätzung der Situation, sondern schuld haben die anderen: hohe Lohnkosten, die Regierung, die demotivierten Mitarbeiter und so weiter.

So wird selbst aus den Fehlern der Vergangenheit nur wenig gelernt. Das Überlegenheitsgefühl verlei-

Letztlich begründen wir unseren Überlegenheitsanspruch auf der Inkompetenz und den Fehlern der anderen – kein sehr produktives Arbeitsklima.

tet gerade dazu, den Fehler immer im anderen zu sehen. Gerade auf der Fehlerhaftigkeit und Minderwertigkeit des anderen begründet sich letztendlich der eigene Überlegenheitsanspruch.

Zum Schluß noch eine kleine Geschichte, eine Geschichte, die ich oft zum Ausklang eines Seminars vorlese und die mir besonders am Herzen liegt. Sie heißt «Der Nordwind und die Sonne» und stammt aus der Feder von La Fontaine.

Der Nordwind und die Sonne

An einem kalten Herbstmorgen sahen der Nordwind und die Sonne einen Mann zu Pferde, der einen nagelneuen Mantel trug. *«Der scheint sich in seinem schönen Gewand sehr wohl zu fühlen», sagte der Nordwind, «aber ich könnte es ihm mit Leichtigkeit vom Leibe blasen.» Da antwortete die Sonne: «Das wird nicht so einfach sein; doch wollen wir versuchen, wem es zuerst gelingt, ihm den Mantel auszuziehen. Du darfst anfangen.»*

Der Nordwind fing an, mit aller Kraft zu blasen. Die Leute jagten ihren Hüten nach. Die Bäume verloren alle Blätter. Die Tiere hatten große Angst. Viele Schiffe gingen unter im Sturm. Aber so sehr der Nordwind sich auch anstrengte, der Reiter hielt seinen Mantel nur um so fester.

Mit Wärme und Sanftheit erreicht man oft mehr als mit Aggressivität und dem Gefühl, immer Stärke zeigen zu müssen.

«Nun komme ich an die Reihe», rief die Sonne. Und als die Sonne anfing, ihre sanfte Wärme auszustrahlen, kamen die Bienen und Schmetterlinge hervor, und die Blumen öffneten ihre Kelche. Die Vögel ließen ihre Lieder erschallen. Die Tiere schliefen friedlich ein, und die Menschen kamen aus den Häusern, um

zu plaudern. Dem Reiter aber in seinem schönen Mantel wurde es sehr heiß. Und als er einen Fluß sah, zog er sich aus und ging schwimmen.

So gelang der Sonne mit Wärme und Sanftmut, was der Nordwind mit aller Stärke und Raserei nicht erreicht hatte.

TEIL II RHETORIK FÜR FRAUEN

Rhetorik für Frauen – wozu?

Von vielen Redetrainings für Frauen weiß ich, daß Frauen das Reden vor und in größeren Gruppen schwerer fällt als Männern. Viele Frauen halten sich mit ihrer Kompetenz und ihrem Wissen zurück, weil sie sich nicht in den Vordergrund stellen wollen. Hier wird auch die «Beziehungsabsicht» von Frauen wieder deutlich. Sie streben die gleichberechtigte Beziehung an. Das heißt, sie wollen sich nicht mit ihrem Wissen «über andere stellen». Sie wollen nicht «dozieren» oder sich gar öffentlich vor anderen profilieren.

Frauen haben eine gewisse Scheu, sich zu profilieren. Sie müssen lernen, sich häufiger zu Wort zu melden und mit ihrer Kompetenz nicht hinterm Berg zu halten.

Oft merken andere erst in Zweiergesprächen, wie kompetent viele Frauen tatsächlich sind. Schon deswegen sollten Frauen sich häufiger zu Wort melden. Sie sollten mit ihrem Wissen und ihrer Kompetenz nicht hinterm Berg halten. Deswegen haben wir diesem Buch einen rhetorischen Teil beigefügt. Einen Teil, der Anleitungen geben will, wie Sie Wortbeiträge und Reden wirkungsvoll und zielsicher gestalten können.

Bevor wir uns jedoch diesem Thema zuwenden, noch einige Worte über den Sinn und Zweck von Redetrainings für Frauen. In vielen Unternehmen werde ich gefragt, ob es denn sinnvoll sei, ein separates Training für Frauen anzubieten. In einigen Zeitschriften wurde ebenfalls lebhaft darüber diskutiert.

Solange die Unterschiede zwischen Männer- und Frauensprache tatsächlich noch so gravierend sind wie heute, ist es sinnvoll. Viele Frauen sind in gemischten Gruppen zurückhaltender als in Redetrainings für Frauen. Sie wundern sich über das völlig «andere» Verhalten der Männer und suchen nach eigenen Defiziten.

Das Wissen um das Sprachverhalten des anderen verhilft dazu, das eigene Sprachverhalten nicht mehr in Frage zu stellen, sondern es als das zu nehmen, was es ist: ein anderes Verhalten. Natürlich kann ein Redetraining für Frauen nur der erste Schritt sein. Der nächste Schritt sollte ein gemischtes Seminar sein. Bei Redetrainings für Frauen sollten Teilnehmerinnen sich vorab darüber informieren, ob das unterschiedliche Sprachverhalten tatsächlich thematisiert wird. Das scheint mir ein wichtiger Aspekt zu sein. Wenn dies nicht angesprochen werden sollte, halte ich ein Rhetorikseminar für Frauen nur für wenig sinnvoll. Die Erfahrungswerte zeigen, daß nur selten in Redetrainings für Frauen der männliche Gesprächsstil thematisiert wird. So kommt es auch zu der weitverbreiteten Skepsis gegenüber diesen Seminaren. Das ist gut nachvollziehbar. Also informieren Sie sich vorab, ob die unterschiedlichen Sprachverhalten angesprochen, thematisiert und in praxisnahen Trainingsschritten bearbeitet werden.

Wenn andere – außerhalb von Seminaren – hören, daß ich Rhetorik- und Kommunikationstrainerin bin, werden sie erst einmal vorsichtig. Das Wort Rhetorik erzeugt bei vielen, die mich nicht kennen, Skepsis und Zurückhaltung. Häufig bringen sie damit in Verbindung, wie man andere übers Ohr haut, überredet statt überzeugt und manipuliert. Diese Vorstellung wurde und wird nach wie vor von manchen Trainern unterstützt, die eigenartige Methoden einsetzen. Damit meine ich Trainer, die auf die individuelle Persönlichkeit im Seminar keine Rücksicht nehmen und vor Demütigung der Teilnehmerinnen und Teilnehmer nicht zurückschrecken.

Grundsätzlich: Die Rhetorik bietet Hilfsmittel und Techniken für zielgerichtetes und wirkungsvolles Reden. Diese Hilfsmittel kann ich bei Reden vor großem Publikum ebenso einsetzen wie bei Gesprächen. Gespräche sind eine Aneinanderreihung kurzer Redebeiträge. Insofern gelten auch

Test:
Welche Rednerinnen und Redner gefallen Ihnen?

Bevor wir uns der Rhetorik und deren Techniken widmen, bitte ich Sie, sich Gedanken zu machen, wen Sie persönlich für eine gute Rednerin oder einen guten Redner halten.

____

____

____

____

____

Warum gefallen Ihnen gerade diese Personen? Was zeichnet sie Ihrer Meinung nach aus?

____

____

____

____

____

Und genau damit haben Sie bereits Ihre persönlichen Lernziele formuliert!

hier zum großen Teil genau die gleichen Hilfsmittel. Dieser Hilfsmittel sollten wir uns bedienen, denn sie erleichtern uns vieles, verbessern Verständigung und gemeinsames Handeln, beruflich wie privat.

Wie gehe ich mit Lampenfieber um?

«Es gibt eine Angst, die macht einsam,
krank und allein.
Und es gibt eine Angst, die macht klug,
mutiger und freier vom Selbstbetrug.»

André Heller

Die größte Herausforderung für Rednerinnen und Redner ist meiner Erfahrung nach der Umgang mit Lampenfieber. Diesem Thema wollen wir uns daher zuerst widmen.

Seit frühester Kindheit können wir sprechen. Meistens bereitet es uns auch überhaupt keine Probleme. Vielen Menschen geht es allerdings so, daß das, was uns in kleinen Gruppen oder im Zweiergespräch mit Bekannten so einfach über die Lippen geht, vor großem Publikum Schwierigkeiten bereitet. Manche überfällt schon Tage vorher dieses unangenehme, dumpfe Gefühl. Die Furcht, daß ich das, was ich sagen will, nicht sagen kann, oder daß ich rot werde, die Stimme wegbleibt, die Knie zittern, mein Herz bis zum Hals schlägt, ich ein Brett vor dem Kopf habe, ich schwitze. Sie spüren Lampenfieber. Das Fieber, von dem Schauspieler sagen, wenn sie es nicht mehr hätten, könnten sie nicht mehr gut spielen. Dieses Lampenfieber, das alle haben, ob Männer oder Frauen, und das sich in den unterschiedlichsten Symptomen äußert. Dieses Fieber, von dem Cicero schon sagte:

«Wo ist der Redner, der im Augenblick, da er spricht, nicht gefühlt hätte, wie er am Anfang

der Rede erblaßt, und in seinem Innern und an allen Gliedern zittert.«

Lampenfieber kann sich negativ, aber auch positiv auswirken. Es kommt ganz darauf an, wie wir damit umgehen.

Wir brauchen es, denn genau dieses Lampenfieber verleiht uns die Spannung, die wir benötigen, um wachsam zu sein. In dieser Situation ist unser Körper äußerst aktiv. Wir haben Adrenalin produziert, ein Hormon, das uns ein schnelles Reaktionsvermögen und wache Aufmerksamkeit verleiht. Wir spüren es körperlich in Streßsituationen, zum Beispiel, wenn wir beim Autofahren schnell bremsen müssen, weil etwas Unvorhergesehenes geschieht. Dieser kalte Schauer, der uns dann über den Rücken läuft, wird durch das Adrenalin ausgelöst. Unsere Wahrnehmungsantennen sind in Streßsituationen voll auf Empfang eingestellt.

Unter Umständen kann eine Streßsituation aber auch zu Denkblockaden und Handlungsunfähigkeit führen. Wir brauchen das richtige Maß an Spannung, um in solchen Situationen leistungsfähig zu sein. Dieses richtige Maß können wir steuern.

Versuchen Sie das Lampenfieber nicht zu bekämpfen. Damit erreichen Sie nur das Gegenteil.

Sie dürfen jetzt nicht an einen Elefanten denken!

Was geschieht, wenn Sie diesen Satz hören? Selbstverständlich denken Sie genau jetzt an einen Elefanten. Das gleiche gilt für die Vorsätze: «Ich darf nicht rot werden», «Meine Knie dürfen jetzt nicht zittern!»…

Unser Unterbewußtsein kennt keine Verneinung. So wird jedes Verbot in unserem Kopf zu einem Befehl, nach dem Motto: Ich darf nicht an einen Elefanten denken. Dementsprechend kann der erste Schritt für den sinnvollen Umgang mit Lampenfieber nur sein, es sich nicht zu verbieten, sondern es zuzulassen.

Das allein reicht in der Regel aber noch nicht. Eine gezielte mentale Vorbereitung, also eine gezielte Steuerung unserer Gedanken, kann darüber hinaus sehr hilfreich sein.

In unserem Kopf spukt meistens das herum, was schiefgehen könnte. Oder wir sagen uns: Ich kann es nicht, ich schaffe es nicht …

Denken Sie jetzt bitte einmal an eine Situation, die sehr unangenehm für Sie war. Versetzen Sie sich richtig in diese Situation hinein. Das kann eine Redesituation sein, in der Sie nicht brillant waren, oder auch eine andere als negativ erlebte Situation. Überprüfen Sie bitte, wie es Ihnen jetzt geht.

Vermutlich haben Sie eine gedämpfte Grundstimmung.

Jetzt denken Sie bitte an eine positiv erlebte Situation. An eine Situation beispielsweise, in der Sie brilliert haben. Eine Situation, in der es Ihnen sehr gut gegangen ist. Versetzen Sie sich bitte genau in diese Situation hinein. Und wie geht es Ihnen jetzt?

Wahrscheinlich haben Sie ein wesentlich besseres Gefühl als vorhin. Vor ihrem Auftritt denken Rednerinnen und Redner oft daran, wie unangenehm ihnen diese Situation ist und was alles passieren könnte.

Schieben Sie doch diese negativen Gedanken weg und ersetzen Sie sie durch positive. Erinnern Sie sich an positiv erlebte Situationen. Sie werden merken, daß Ihnen das besser bekommt. Durchleben Sie diese Situationen einfach noch einmal.

Wichtig ist eine gezielte mentale Vorbereitung auf Ihre Rede: Negative Gedanken und Erwartungen durch positive ersetzen.

Häufig ist es so, daß wir viele sehr gute Reden oder Redebeiträge gehalten haben. Nur eine Situation war vielleicht dabei, in der es uns nicht so gut gelungen ist, die Resonanz nicht so positiv war, und dieser einen Situation gelingt es – oft noch Jahre später –, alle unsere anderen Reden negativ zu beeinflussen. Wir vergessen all die guten Reden und Beiträge und erinnern uns nur an die eine. Das beeinflußt unsere Grundstimmung vor Reden stark. Wehren Sie diese Gedanken bewußt ab.

Arbeiten Sie mit positiven Suggestionen: «Ich kann reden», «Ich habe etwas zu sagen», «Meine Beiträge sind wichtig»...

Selbsterfüllende Prophezeiungen

«Wenn ich etwas zu tun anfing, was Dir nicht gefiel, und Du drohtest mir mit dem Mißerfolg, so war die Ehrfurcht vor Deiner Meinung so groß, daß damit der Mißerfolg, wenn auch vielleicht erst für eine spätere Zeit, unaufhaltsam war. Ich war unbeständig, zweifelhaft. Je älter ich wurde, desto größer war das Material, das Du mir zum Beweis meiner Wertlosigkeit entgegenhalten konntest: allmählich bekamst Du in gewisser Hinsicht wirklich recht.»

Das schrieb der Prager Dichter Franz Kafka
in seinem «Brief an den Vater».

Eine zunächst falsche Prophezeiung kann eine so starke Wirkung entwickeln, daß sie die betroffene Person veranlaßt, die Vorhersage zu verwirklichen und damit doch noch wahr werden zu lassen. So rufen «selbsterfüllende Prophezeiungen» jene vorschnell erdachten Mängel oder Fehler geradezu herbei. Es ist unerheblich, ob diese Prophezeiungen von anderen Menschen formuliert werden oder ob es «nur» unsere eigenen Gedanken sind.

Schreiben Sie in Gedanken ein positives «Drehbuch» für die Redesituation.

Die Kraft dieser Prophezeiungen kann sich sehr negativ für uns auswirken; wir können sie aber auch im positiven Sinne nutzen. Positive Erwartungen, realistische Gedanken geben uns Kraft, Selbstvertrauen und Energie. Gehen Sie also vor einer Rede positiv an die Situation heran. Sehen Sie sich als Person, die anderen etwas mitzuteilen hat, etwas mitteilen will. Und denken Sie auch daran, daß andere es hören wollen. Schreiben Sie in Ihrem Innern ein Drehbuch für die Situation, vor der Sie stehen, ein positives Drehbuch. Gehen Sie in Ihren Gedanken die Redesituation vor Publikum durch – in einer Art «innerem Heimkino» mit Happy-End. Wichtig ist auch, daß Sie vor der Rede entspannt sind. Überlegen Sie doch einmal für sich, wie Sie sich am besten entspannen können, vor allem in Situationen, in denen Sie nicht viel Zeit dazu haben, sondern nur kurz «abschalten» können.

Überlegen Sie zum Beispiel einmal, wie Sie im Büro Energie tanken und zu sich finden. Es kann sein, daß Sie einfach nur kurz die Augen schließen oder daß Sie an eine angenehme Situation denken und so weiter. Diese Technik sollten Sie parat haben, wenn es darauf ankommt.

Seminare zu Entspannungstechniken wie progressive Muskelrelaxation und autogenes Training werden an vielen Volkshochschulen angeboten.

Streß beziehungsweise Adrenalin läßt sich nur durch Bewegung abbauen. Nur selten haben wir die Möglichkeit, vor einer Rede oder einem Redebeitrag um den Block zu gehen oder einen Dauerlauf zu machen. Aber Sie können sicherlich an Ihrem Platz kurz die Hände ausschütteln oder mit einer gezielten Entspannungstechnik, der progressiven Muskelrelaxation, arbeiten. Das ist eine Übung, bei der Sie verschiedene Muskelgruppen Ihres Körpers nacheinander kurz anspannen und wieder entspannen. Diese anschließende Entspannung ist sehr groß.

Autogenes Training oder ähnliche Entspannungstechniken, helfen auch noch kurz vor Ihrem Auftritt, ja selbst wenn Sie schon die Aufmerksamkeit auf sich gezogen haben. So können Sie die «Überspannung» loswerden und eine gesunde «Anspannung» aufbauen.

Was man bei Reden vor Publikum beachten muß

Die richtige Haltung ist wichtig!

Viele Teilnehmerinnen und Teilnehmer sagen mir, daß sie manchmal das Gefühl hätten, den Boden unter den Füßen zu verlieren. Deshalb: Sichern Sie Ihren Stand vor dem Publikum. Erden Sie sich, das gibt Ihnen Festigkeit.

Verzichten Sie darauf, vor dem Publikum stramm

mit durchgepreßten Knien dazustehen. Lockern Sie Ihre Knie. Ihre Füße sollten einige Zentimeter weit voneinander entfernt sein. So haben Sie guten Kontakt zum Boden und eine Ruhe im Stehen, die Sie an Ihr Publikum weitergeben. Frauen sagen mir oft, das sähe eigentümlich aus, vor allem, wenn sie einen Rock tragen. Doch auch hier ist, wie in vielen anderen Fällen auch, die Fremdwahrnehmung eine andere als die Selbstwahrnehmung.

Ohne Blickkontakt geht es nicht

Der Blickkontakt mit dem Publikum gibt Ihnen Sicherheit und Feedback darüber, ob Ihre Rede bei den Zuhörern «ankommt».

Nicht nur um Sicherheit zu gewinnen, ist der Blickkontakt sehr wichtig – denn alles, was ich nicht genau wahrnehme, kann mir Furcht einflößen –, sondern der Blickkontakt ist auch die einzige Möglichkeit, um mit meinem Publikum in Kontakt zu treten.

Auf der Stirn meines Publikums steht geschrieben, ob ich mich verständlich mache, ob ich zu schnell oder zu langsam rede oder mich mißverständlich ausdrücke.

Eine Rede sollte ein Dialog sein, auch wenn Sie als einzige das Wort haben. Lassen Sie Ihren Blick über das ganze Publikum schweifen, richten Sie ihn nicht nur auf eine Person, die Sie kennen. Vergessen Sie auch jene nicht, die links und rechts außen sitzen. Sie müssen alle ansprechen.

Ausatmen nicht vergessen

Viele Rednerinnen und Redner schnappen noch einmal ordentlich nach Luft, bevor sie anfangen zu sprechen. Im Moment des Einatmens nehmen wir allerdings noch einmal Spannung auf. Da wir jedoch in der Redesituation ohnehin genug Spannung haben, haben wir damit zuviel des Guten getan: Wir haben zuviel Luft in uns. Oft empfinden wir dann Atemnot.

Dieses «Zuviel» an Luft muß wieder abgegeben

werden, sonst behindert es uns. Das heißt: Wenn Sie zu tief durchgeatmet haben, lassen Sie «Dampf ab». Atmen Sie bewußt und langsam aus. Es fließt automatisch genügend Luft nach, Atmung ist ein Reflex.

Atmen Sie aber beim Ausatmen nicht genau ins Mikrofon!

Die Selbstwahrnehmung ist kritischer als die Fremdwahrnehmung

Und noch eins: Denken Sie immer daran, daß Sie sich selbst wesentlich kritischer wahrnehmen, als andere das tun. Während Sie selbst vielleicht die Vorstellung haben, daß Sie zittern wie Espenlaub,

Sie selbst nehmen sich wesentlich kritischer wahr als Ihre Zuhörer.

Richtiges Reden vor Publikum

⇒ Produktive mentale Vorbereitung (positives „Drehbuch")

⇒ Keine negativen Regieanweisungen (Ich darf nicht rot werden ...)

⇒ Kleine Entspannungsübungen

⇒ Guter Stand („geerdet" sein)

⇒ Guter Blickkontakt

⇒ Spannung abgeben durch Ausatmung

⇒ Sicherheit durch Anwendung geübter, bewährter rhetorischer Techniken denkt Ihr Publikum: «Welche Ruhe diese Rednerin ausstrahlt und wie selbstsicher sie wirkt.»

Wie nimmt Ihr Publikum Sie wahr?

Die Wirkung einer Rede hängt nicht nur von ihrem Inhalt ab. Entscheidend ist auch der Eindruck, den der Redner auf das Publikum macht.

Die lernpsychologische Forschung konnte nachweisen, daß Menschen lediglich 20 Prozent von dem, was sie akustisch aufnehmen, behalten können. Darüber hinaus können sich Erwachsene lediglich 45 Minuten lang auf einen Vortrag konzentrieren. Was heißt dies nun für die Rede selbst? Sie kann wohl kaum nur nach den inhaltlichen Kriterien beurteilt werden. Und wenn wir uns einmal fragen, was wir nach einer Rede inhaltlich noch im Kopf haben, ist das sehr bescheiden.

Eine Rede läßt sich auch nie von der Rednerin oder vom Redner trennen. Ob uns eine Rede gefällt oder nicht, hängt entscheidend von der Person ab, die sie hält, davon, welchen Eindruck wir von der Person haben.

Wie aber bilden sich Eindrücke?

Solomon Asch, ein Vertreter der Gestalttheorie auf dem Gebiet der Personenwahrnehmung, stellte sich folgende Frage: «Wie bilden wir uns aus den Informationsstücken und -stückchen, die wir wahrnehmen, einen ganzheitlichen umfassenden Eindruck von anderen?»

Er ging davon aus, daß zentrale Merkmale einen unverhältnismäßig großen Einfluß auf den Eindruck haben, den eine Person bei anderen hinterläßt.

Dazu führte er folgenden Versuch durch: Er legte zwei Gruppen von Versuchspersonen eine Liste von Eigenschaftswörtern vor, die eine bestimmte Person beschrieben. Der Gruppe eins wurde die Person mit folgenden Adjektiven beschrieben: «intelligent, fähig, fleißig, herzlich, entschlossen, praktisch und vorsichtig». Bei der zweiten Gruppe wurde das Eigenschaftswort «herzlich» durch «kühl» ersetzt.

Das heißt, lediglich eines der sieben Eigenschaftswörter wurde ausgetauscht. Man sollte meinen, daß sich dies auf den Eindruck von dieser beschriebenen Person nicht stark auswirken sollte. Asch stellte jedoch genau das Gegenteil fest. Das ausgetauschte Eigenschaftswort veränderte den Eindruck, den diese Person auf andere Menschen machte, entscheidend. Wurde die Person als «herzlich» beschrieben, fand die Gruppe noch weitere positive Eigenschaften für sie. Sie charakterisierte sie als «großzügig, weise, glücklich, gutmütig, beliebt, gesellig und humorvoll». Beim Austausch anderer Eigenschaftswörter änderte sich der Eindruck nur geringfügig.

Wichtig: offen und herzlich aufs Publikum zugehen!

Dieser Versuch zeigt, wie wichtig es ist, offen und herzlich auf seine Zuhörerinnen und Zuhörer zuzugehen. Wie nur wenige Merkmale unsere Wahrnehmung beeinflussen können, wie wir verallgemeinern.

Was Solomon Asch schon nachgewiesen hat, wurde von anderen Psychologen ebenfalls überprüft und als «Hallo-Effekt» bezeichnet. Wenn Beurteiler einem Menschen einmal gute (oder schlechte) Eigenschaften zuerkannt haben, dann neigen sie dazu, auch andere Merkmale dieses Menschen, die mit den bereits zugewiesenen Eigenschaften in keinem Zusammenhang stehen, konsistent als gut oder schlecht zu beurteilen.

Nehmen wir einmal an, Ihr Kollege ist Ihnen kürzlich zur Hand gegangen, als Sie Ihre Wohnung renoviert haben. Sie haben einen guten Eindruck von ihm. Jemand fragt Sie, ob er geeignet wäre, Kassenwart des Betriebskegelklubs zu werden. Vermutlich würden Sie ja sagen, obwohl Sie überhaupt nicht wissen, ob er das tatsächlich könnte. Sie haben allgemein einen guten Eindruck von ihm. Wir verallgemeinern gute oder schlechte Eigenschaften.

Wenn wir jemanden einmal «in eine Schublade gesteckt haben», bleibt er da auch erst einmal drin.

Unsere Wahrnehmung wird selektiv. Wir sehen mit der Brille unserer Vorurteile. Gehen wir nun einmal davon aus, Sie haben von einem Kollegen den Eindruck, er sei Ihnen gegenüber arrogant oder kühl oder überheblich, weil er sich irgendwann einmal in einer bestimmten Situation dementsprechend verhalten hat. Sie werden diesem Kollegen nun genau mit diesen Vorurteilen gegenübertreten und mit großer Sicherheit versuchen, Ihre Vorurteile durch entsprechende Wahrnehmungen zu bestätigen. Und genau das erschwert Kommunikation ungemein. Wir bauen uns selbst eine Blockade durch unsere Vorurteile auf. Und unsere Einstellungen sind oft Vorurteile, die den Blick für die konkrete Situation versperren.

Der erste Eindruck spielt eine wichtige Rolle. Er baut ein positives oder negatives Vorurteil auf, das sich nur schwer wieder abbauen läßt.

Für erfolgreiche Reden und Gespräche ist es ganz wichtig, vorurteilsfrei an die Situation heranzugehen. Erst dann können wir Fortschritte erzielen, andere tatsächlich überzeugen oder uns überzeugen lassen. Nur so können wir auch ein sachgerechtes Ergebnis erzielen.

Schon durch ein freundliches Lächeln können Sie gewinnen. J. P. Forgas versuchte dies mit einem Test zu beweisen: Versuchspersonen «sollten entscheiden, ob sich ein Student im Examen des Betruges schuldig gemacht hatte und wie er zu bestrafen sei. Den Juroren lag nicht nur ein detaillierter Bericht des Vorfalls vor, sondern auch ein Foto, das den möglichen Sünder lächelnd oder mit neutralem Gesichtsausdruck (nicht lächelnd) zeigte. Den lächelnden Sünder hielten die Versuchspersonen für weniger verantwortlich und wollten ihn folglich weniger streng bestraft sehen als den nicht lächelnden».

Schon ein freundliches Lächeln kann entscheidend sein.

Inzwischen ist Ihnen mit Sicherheit deutlich geworden, wie wichtig der erste Eindruck ist, den wir auf andere machen. Und das können Sie selbstverständlich für Ihre Rede und Ihre Gespräche nutzen. Gleichzeitig wird auch deutlich, wie schnell sich

Eindrücke bilden und daß wir den anderen dann automatisch in diese «Schublade» einordnen und uns ihm gegenüber dementsprechend verhalten. Überprüfen Sie doch einmal für sich, wen Sie aufgrund einer sehr schnellen Eindrucksbildung schon in eine solche Schublade gesteckt haben und mit wem Sie sich dadurch auch Gespräche oder Reden erschweren.

Vorurteile erschweren die Kommunikation: Wir haben ein bestimmtes Bild von einem Menschen und verhalten uns ihm gegenüber dementsprechend – was wiederum entsprechende Reaktionen bei ihm auslöst. Ein Teufelskreis, der sich nur schwer durchbrechen läßt.

Der erste Eindruck ist entscheidend

Eine Angestellte eines Hotels erzählte mir einmal, daß die ersten Eindrücke, die sie von Gästen habe, immer stimmten. Wenn sie bei der Anreise mürrisch oder arrogant seien, dann blieben sie auch so.

Was ging im Kopf dieser Frau vor? Sie erlebte die Anreisenden mürrisch und arrogant (Wie geht er mit mir um/ wie steht er zu mir?), dachte allerdings nicht daran, daß die Anreisenden eventuell eine lange Fahrt hinter sich hatten, müde oder kaputt sein könnten. (Was sagt die Person über sich selbst? Das Ohr der Selbstoffenbarung!)

Natürlich wurde ihr Verhalten den Gästen gegenüber durch diesen ersten Eindruck geprägt. Dementsprechend benahm sie sich bei der nächsten Zusammenkunft. Auch sie war nun weniger aufgeschlossen und zuvorkommend. Dementsprechend reagierten wiederum die Gäste: selbstverständlich auch eher zurückhaltend, was den Anschein der Arroganz erwecken kann. Logisch, daß sich in dieser Situation dann auch ihr erster Eindruck bestätigt hat. Das Verhalten des anderen war natürlich eine Reaktion auf ihr Verhalten, und umgekehrt. Sehr schnell bringen wir uns dadurch in wenig konstruktive Beziehungen.

Eine andere Teilnehmerin berichtete, daß sie eine Aversion gegen schmutzige Fingernägel habe. So etwas registriere sie als erstes. Ihr Eindruck: eine ungepflegte Person. Dementsprechend verhält sie sich dann natürlich dieser Person gegenüber. Wir schließen oft nur aufgrund eines oder weniger Merkmale auf die ganze Person. Dementsprechend nehmen wir sie wahr und prägen unser Verhältnis zu ihr. Dadurch erschweren wir uns die Kommunikation sehr.

Test:
Wie entsteht Sympathie bei Ihnen?

Überlegen Sie sich bitte einmal: Was macht Ihnen einen fremden Menschen in den ersten 60 Sekunden sympathisch?

____

____

____

Was macht Ihnen einen fremden Menschen in den ersten 60 Sekunden unsympathisch?

____

____

____

Wenn Sie sich darüber Gedanken gemacht haben, überlegen Sie sich bitte noch einmal, daß wir verallgemeinern, im Positiven wie im Negativen. Daß bestimmte Reize uns dazu veranlassen, eine Person negativ zu sehen. Daß wir mit diesen Einstellungen Gespräche führen und daß diese Einstellung unsere Kommunikation prägt. Mit Sicherheit erschweren wir uns dadurch viele Gespräche. Nehmen Sie die Brille der Vorurteile und der ersten Eindrücke doch einfach ab.

Nun beantworten Sie bitte noch einmal die Frage:
Welche Rednerinnen und Redner gefallen mir?

____

____

____

____

____

Warum gefallen sie mir gerade? Was zeichnet diese Rednerinnen und Redner aus?

____

____

____

____

____

____

Machen Sie Ihrem Publikum das Zuhören einfach

Zuhören erfordert außerordentlich viel Konzentration. Menschen können nur etwa 20 Prozent dessen aufnehmen, was ihnen mündlich vorgetragen wird, und sie können sich höchstens 45 Minuten lang konzentrieren.

Keine Fremdwörter, keine langen Schachtelsätze! Das Publikum schaltet sonst ab.

Schon deshalb müssen wir unserem Publikum das Zuhören so einfach wie möglich machen. Dazu gehört, daß wir so «einfach» wie möglich sprechen. Wir alle kennen die Reden, in denen viele Fremd- und Fachwörter auftauchen oder die vom Blatt abgelesen werden. Wie reagieren wir darauf? Wir schalten ab.

Dies ist mir kürzlich wieder einmal passiert. Ein Politiker eröffnete eine Tagung. Die Tagung mußte später beginnen als geplant, denn der Minister hatte länger im Landtag zu tun gehabt. Man spürte noch seine innere Hektik, als er die Tagung eröffnete. Er zog sein Skript aus der Tasche und begann seinen Vortrag. Er las ihn ab. Dazu kam, daß er die Rede offensichtlich selbst zum erstenmal vor Augen hatte. Viele Politikerinnen und Politiker lassen sich ihre Reden schreiben.

Die Zuhörbereitschaft im Publikum wurde immer geringer. Der Geräuschpegel stieg. Wenn wir uns vorstellen, daß sehr viele Menschen an der Organisation einer solchen Tagung beteiligt sind, oft ehrenamtlich, sich monatelang um Referenten bemühen, und daß Zuhörerinnen und Zuhörer von weit her gekommen sind, um sich die Vorträge anzuhören, dann ist solch eine Rede eine Zumutung.

Nach wie vor haben viele Menschen immer noch die Vorstellung, je ausgefeilter eine Rede sprachlich und stilistisch sei, um so besser sei sie. Deshalb formulieren sie ihre Rede vor und lesen sie ab. Ein Trugschluß. **Verständlichkeit ist die Voraussetzung von Wirksamkeit.**

Frei formulieren, nicht ablesen

Wenn wir eine Rede ausformulieren, dann klingt sie anders, als wenn wir frei sprechen. Warum? Wir wissen, Leser haben die Möglichkeit, einen Text dann zu lesen, wenn sie es wollen; sie können sich so viel Zeit beim Lesen lassen, wie sie benötigen; und sie haben genügend Muße, bestimmte, schwierige Passagen noch einmal zu lesen. All das beeinflußt uns beim Schreiben, ob wir wollen oder nicht. Nur wenigen gelingt es aber, so lebhaft und verständlich zu schreiben und den Blickkontakt so aufrechtzuerhalten, daß beim Vortrag das Zuhören einfach ist. Rundfunkjournalistinnen und -journalisten können das beispielsweise. Aber sie lernen ja auch, fürs Hören zu schreiben.

Schriftsprache ist anders als gesprochene Sprache. Deshalb sollte man seine Rede nie schriftlich vorformulieren und vom Blatt ablesen.

Eine Teilnehmerin eines Seminars hat dies am eigenen Leib erfahren. Sie besuchte das Rhetorikseminar, um sich auf ein Referat vorzubereiten. Zu Beginn des Seminars fragte sie, ob sie hier im Seminar ihren Vortrag trainieren könne.

Kein Problem. Ich fragte sie, ob sie denn ihren Vortrag frei halten werde. Das wollte sie nicht, sie hatte ein Skript vorbereitet und wollte nun die Wirkung testen.

Die Teilnehmerin las nun ungefähr fünf Minuten lang ihre Rede ab. Danach habe ich die Videokamera gestoppt und ihr gesagt, sie solle doch das, was sie uns vorgelesen habe, frei vortragen, den Inhalt hätte sie ja offensichtlich sehr gut parat. Das tat sie denn auch.

Ich filmte wieder mit der Kamera. Bei der Analyse war sie völlig erstaunt, wie unterschiedlich die Wirkung war. Ihre Sätze waren kürzer, vor allem verständlicher, auf das Wesentliche beschränkt, der Kontakt zu den Zuhörern war viel besser, und sie konnte auf das Publikum reagieren, auf dessen Stirn mit Leuchtschrift geschrieben stand, wie die Rede

Wenn wir nicht ablesen, ist auch unsere Körpersprache viel lebendiger.

angekommen war. Gleichzeitig setzte sie eine viel lebendigere Körpersprache ein, die sie glaubwürdiger und engagierter wirken ließ.

Fazit: Sie nahm sich vor, die Rede frei zu halten. Dies tat sie mit den üblichen Hilfsmitteln, zum Beispiel dem Stichwortzettel. Wie der aussehen kann, erfahren Sie später.

In welchem Stil sollte Ihre Rede gehalten sein?

Fremd-, Fachwörter und Abkürzungen mögen manchmal sinnvoll sein, aber nur dann, wenn man als Rednerin oder Redner davon ausgehen kann, daß das Publikum sie versteht.

Sprechen Sie die Sprache Ihres Publikums.

Versuchen Sie grundsätzlich die Sprache des Publikums zu sprechen. Denn genau fürs Publikum wollen Sie ja sprechen. Nichts ist unbefriedigender – sowohl für den Vortragenden als auch für die Zuhörer –, als wenn die Rede nicht verständlich ist. Wenn ich solche Reden höre, die mit Fremdwörtern gespickt sind, frage ich mich immer wieder, worum es in dieser Rede geht: ob die Rednerin oder der Redner darstellen will, über welche Bildung sie oder er verfügt, ob überredet werden soll oder ob es darum geht, andere über Sachverhalte, Ansichten und Meinungen zu informieren und zu überzeugen. Letzteres sollte doch der Sinn und Zweck der Rede sein.

Wenn Sie in Ihrer Rede auf das eine oder andere Fremdwort oder Fachwort nicht verzichten können, erklären Sie es kurz in einem Nachsatz. Dafür sind auch diejenigen dankbar, die das Fremdwort kennen.

Setzen Sie Ihre Körpersprache unterstützend ein. Das Publikum vertraut sehr auf die Körpersprache. Sie entscheidet in großem Maß darüber, ob uns jemand glaubwürdig erscheint oder nicht. Außerdem wirkt sich eine gute Gestik auf unseren Sprechausdruck aus. Nichts ist langweiliger, als wenn jemand monoton, ohne Höhen und Tiefen und ohne Dynamik in der Stimme spricht.

Die Gestik beeinflußt automatisch den Ausdruck in der Stimme. Meine Bewegungen – zum Beispiel mit der Hand – hören andere in der Stimme. Testen Sie das einmal selbst. Gestikulieren Sie stark, und versuchen Sie dabei ohne Anstrengung, monoton und bewegungslos in der Stimme zu bleiben.

Formulieren Sie klare und verständliche Sätze, und verwenden Sie dabei eine bildhafte Sprache. Die bildhafte Sprache mit Vergleichen macht das Zuhören zu einem Erlebnis.

Wichtige Dinge wiederholen; schwierige Sachverhalte durch Beispiele veranschaulichen; laut und deutlich sprechen. Und die Pausen nicht vergessen.

Wiederholen Sie wichtige Dinge. Machen Sie schwierige Sachverhalte durchsichtig, etwa durch mehrere Beispiele oder Umschreibungen. Gönnen Sie sich und Ihrem Publikum Pausen. Sie selbst gewinnen dadurch Zeit zum eigenen Nachdenken; und das Publikum hat eine Zuhörpause. Dafür wird es Ihnen dankbar sein. Außerdem sind Pausen ebenfalls ein gutes Stilmittel, um Spannung zu steigern.

Und sprechen Sie laut und deutlich.

Atmung und Artikulation

«Und sprechen Sie laut und deutlich» – wenn das so einfach wäre! Mit einigen kleinen Übungen können wir aber daran arbeiten. Sprechen ist tönender Atem. Dementsprechend geht ohne Luft überhaupt nichts. Darum kann eine falsche Atmung meine Sprechfähigkeit einschränken. Viele Menschen atmen falsch. Vor allem viele Frauen. Viele atmen aus falschverstandener Eitelkeit nach dem Motto: Brust raus, Bauch rein. Ich beobachte häufig, daß Teilnehmerinnen und Teilnehmer entweder nur in die Brust atmen oder daß bei ihnen die Bauchdecke beim Einatmen nach innen geht und beim Ausatmen nach außen.

Eine Teilnehmerin sagte mir einmal, daß sie vor einigen Jahren noch richtig geatmet hätte. Nämlich daß sich beim Einatmen ihre Bauchdecke gehoben habe, und beim Ausatmen habe sie sich gesenkt. Da sie aber so zugenommen habe, hätte sie sich das wieder abgewöhnt. Sie sei ohnehin schon füllig genug gewesen, und sie hätte es sich nicht mehr leisten können, beim Einatmen noch dicker zu wirken. Schade drum, so hat sie sich selbst ein Stück der Durchsetzungskraft ihrer Stimme beraubt. Sie hat den Resonanzraum, der ihr zur Verfügung steht, nicht genutzt.

Tiefes Atmen vergrößert den Resonanzraum der Stimme.

Je tiefer ich atme, desto mehr Resonanzraum steht meiner Stimme zur Verfügung. Wenn ich nur in die Brust atme, nutze ich statt des «Cellos», das mir zur Verfügung steht, nur die «Violine». Kräftigen Stimmen hören wir gerne zu. Überlegen Sie sich bitte einmal, welche Eigenschaften Sie jemandem zuschreiben, den Sie per Telefon kennenlernen und der eine volltönende Stimme hat. Vermutlich fallen Ihnen Eigenschaften wie sympathisch, kompetent, warmherzig und so weiter ein. Oft machen wir uns auch ein Bild, wie diese Person aussehen könnte, und manchmal sind wir dann ganz erstaunt, wenn wir die Person persönlich kennenlernen, wie wenig sie unserer Vorstellung entspricht.

Beim Einatmen muß sich die Bauchdecke heben, beim Ausatmen senken.

Zurück zur Atmung: Vergleichen Sie die luftlose Lunge mit einem leeren Beutel. Wenn ich diesen Beutel fülle, dehnt er sich aus, braucht also auch mehr Raum. Schon deshalb muß sich die Bauchdecke beim Einatmen heben. Dadurch schaffen wir zusätzlich Raum. An der Atmung sind auch das Zwerchfell und die Flanken beteiligt. Die Flanken sitzen auf dem Rücken oberhalb der Gürtellinie. Auch sie müßten sich beim Einatmen bewegen. Überprüfen Sie einmal, wie das bei Ihnen ist.

Wenn Sie bemerkt haben, daß Sie anders atmen als oben beschrieben, trainieren Sie richtiges Atmen, zum Beispiel mit dem autogenen Training oder indem Sie sich einfach mal abends die Zeit nehmen, zum Beispiel kurz vor dem Einschlafen, bewußt richtig zu atmen. Auch hier gilt wie bei jeder Disziplin: Training führt zum Erfolg.

Üben Sie das richtige Atmen regelmäßig!

Und noch eines: Atmen Sie überschüssige Luft aus, bevor Sie anfangen zu reden. Einatmen bedeutet Spannung aufnehmen. Ausatmen heißt Spannung abgeben.

Dialekt – ja oder nein?

Viele Teilnehmerinnen und Teilnehmer in Seminaren sagen, sie möchten sich ihren Dialekt abgewöhnen.

Als sprachliches Ideal galt früher die Hochsprache. Für Berufssprecherinnen und -sprecher gilt das heute noch. Wenn Sie aber Dialekt sprechen, versuchen Sie bitte nicht mit aller Gewalt des Hochdeutschen mächtig zu werden. Häufig klingt dies sehr gesetzt und künstlich. Und nur wenigen gelingt es, ihren Dialekt so in den Griff zu bekommen, daß davon nichts mehr zu hören ist.

Versuchen Sie Ihren Dialekt nicht mit aller Gewalt zu verleugnen. Das wirkt gekünstelt. Wichtig ist, daß Ihre Rede für Ihre Zuhörer verständlich ist.

Wenn Ihr Dialekt allerdings für andere unverständlich ist, sollten Sie daran denken: «Verständlichkeit ist die Voraussetzung für Wirksamkeit», und ihn ein wenig zurücknehmen und kontrollieren. Ich selbst weiß, daß das eine Herausforderung ist, denn auch ich bin Dialektsprecherin. Zwar beherrsche ich die deutsche Hochlautung perfekt, aber in engagierten Diskussionen beispielsweise verfalle ich immer wieder gern in meine Mundart. Problematisch wird das wirklich, wenn andere mich nicht verstehen, denn dann nützen die besten Redebeiträge nichts.

Dialekt kann menschlich, sympathisch und überzeugend wirken.

Eine mundartliche Färbung kann aber Nähe schaffen, wirkt menschlich und macht sympathisch.

Sofern sic von allen Zuhörerinnen und Zuhörern verstanden wird, wirkt sie auch überzeugender.

Der rote Faden – wie baut man eine Rede auf?

Jede Rede besteht aus Einleitung, Hauptteil und Schluß.

Was gehört zu einer guten Rede? Sie erinnern sich sicher an Ihre Schulaufsätze: Einleitung – Hauptteil – Schluß. Und genau das gilt für Reden ebenfalls.

In der Psychologie spricht man vom sogenannten «Primacy-und-recency»-Effekt. Das, was ich zu Beginn eines Statements oder einer Rede sage, ist von großer Bedeutung: Es soll die Ohren öffnen und neugierig machen. Auch das, was ich am Schluß eines Statements oder einer Rede sage, ist wichtig, denn das bleibt in den Ohren.

Den Schluß der Rede oder des Redebeitrages nennen wir Zwecksatz. Denn am Ende einer Rede soll mein Zweck der Rede, mein Ziel oder mein Appell, meine Aufforderung deutlich werden.

Die Einleitung

Widmen wir uns erst einmal der Einleitung: Wie könnte eine Einleitung eines Vortrages oder einer Rede aussehen?

Die Einleitung führt die Zuhörer zum Thema hin, sagt aber noch nichts über Ihre Meinung, Ihr Ziel, Ihren Appell.

Führen Sie zum Thema hin, lassen Sie aber die Katze, das heißt, Ihre Meinung beziehungsweise Ihren Zwecksatz, hier noch nicht aus dem Sack. Führen Sie die Zuhörerinnen und Zuhörer zum Thema hin. Mehr noch nicht!

Sie erreichen am meisten Zuhörbereitschaft, wenn Sie einmal etwas anderes, Neues wagen. Wenn Sie von dem, was gängig ist und erwartet wird, abweichen. Eine Teilnehmerin eines Seminars sprach einmal über die Talente und Fähigkeiten von Hausfrauen im Außendienst von Versicherungen. Und um deutlich zu machen, was nach wie vor viele

Selbstverständlich begrüßen Sie die Zuhörenden.

⇩

Wenn Sie bisher nicht vorgestellt worden sind, machen Sie das selbst. Stellen Sie sich in Ihrer Person vor und in Ihrer Funktion oder Kompetenz.

⇩

Jetzt führen Sie zum Thema hin, zum Beispiel durch:

⇩

eine (verblüffende) Frage

⇩

einen humorvollen Satz

⇩

ein passendes Zitat

⇩

eine Anekdote

⇩

eine packende Geschichte

⇩

ein aktuelles Ereignis

⇩

eine gemeinsame Erfahrung („Das kennen Sie sicherlich auch, meine Damen und Herren")

⇩

ein persönliches Erlebnis

⇩

eine Provokation (Vorsicht, hier scheiden sich die Gemüter, man kann unter Umständen auch Widerstand hervorrufen)

⇩

die „Leuchtturm-Technik", indem Sie einen Sachverhalt aus unterschiedlichen Perspektiven beleuchten („Die einen sagen…; die anderen sagen…")

mit Hausfrauendasein verbinden, brachte sie einen Schwamm und Putzmittel mit. Diese Requisiten steigerten natürlich die Aufmerksamkeit.

Wagen Sie ruhig mal einen originellen Einstieg!

Für viele ist die Hemmschwelle, etwas Besonderes zu machen, sehr groß. Aber die Wirkung ist ebenfalls sehr groß. Sie bleibt im Gedächtnis.

Der Schluß

Was ich zu Beginn der Rede sage, öffnet die Ohren, und was ich am Ende der Rede sage, bleibt im Gedächtnis. Der Schluß ist der Höhepunkt meiner Rede. Hier lasse ich die Katze aus dem Sack. Hier mache ich meinen Appell oder meine Forderung deutlich. Im Zwecksatz ist die Argumentationsphase und Begründungsphase abgeschlossen. Mein Zwecksatz ist die logische Schlußfolgerung meiner Rede, das Ergebnis der vorhergehenden Argumentation. Der Zwecksatz meiner Rede sollte kurz und prägnant sein und so formuliert werden, daß er beim Publikum im Gedächtnis haftenbleibt. Zum Beispiel:

Was Sie zu Beginn Ihrer Rede sagen, öffnet die Ohren; was Sie am Ende Ihrer Rede sagen, bleibt im Gedächtnis. Der Schluß muß der Höhepunkt sein: kurz, prägnant und einprägsam.

«Deshalb, meine Damen und Herren, müssen wir die Zielgruppe Frauen bei unserer Produktentwicklung stärker mit einbeziehen.»

Die Argumente im Hauptteil Ihrer Rede müssen so schlüssig und nachvollziehbar sein, daß Ihr Zwecksatz der zwingende Schluß dieser Argumentation ist. Daß Ihr Publikum Ihnen nur zustimmen kann.

Wichtig: Keine Phrasen wie «Jetzt komme ich zum Schluß» oder «Das war's»!

Verzichten Sie bitte beim Zwecksatz Ihres Beitrages auf die «Ich-Formeln», Sie würden sich ein Stück Ihrer Überzeugungskraft nehmen. Verzichten Sie ebenfalls auf Sätze wie: «Jetzt komme ich zum Schluß» oder «Das war es». Das Publikum sollte merken, daß dies der Schluß Ihrer Rede war. Ein einfaches «Dankeschön» fürs Zuhören reicht aus.

Der Hauptteil

Aber wie kann der Hauptteil einer Rede aufgebaut werden?

Meiner Erfahrung nach überfrachten Rednerinnen und Redner ihre Vorträge. Nicht umsonst heißt es: In der Kürze liegt die Würze.

Drei Argumentationsblöcke genügen.

Drei Argumentationsblöcke reichen aus. Diese Gliederungsstruktur hat sich als sehr wirksam gezeigt. Die «Dreierkonstellation» wird zum Beispiel in der Werbung reichlich ausgenutzt: «Ritter Sport: quadratisch, praktisch, gut.» «Mars macht mobil: bei Arbeit, Sport und Spiel.» «Feuer, Pfeife, Stanwell.» Und erinnern Sie sich: «Veni, vidi, vici»...

Es scheint, als sei Drei die magische Zahl. Und das nutzen wir selbstverständlich für unsere Rede und unseren Redebeitrag. Also: Drei Argumentationsblöcke für die Rede reichen. Dann kann ich die einzelnen Argumentationsblöcke mit Hilfe von Beispielen, Argumentationsstützen und so weiter dementsprechend ausbauen. Dabei kann ich aus dem vollen schöpfen.

Die Dreierkonstellation kann ich auch für einen Redebeitrag von 30 Sekunden nutzen. Drei Argumente kann ich auch dort unterbringen. Hier beschränke ich mich auf kurze Begründungen meiner Argumente. Vergessen Sie nicht: Argumente sind keine Behauptungen, sondern Behauptungen mit Begründungen.

Machen Sie sich vor Ihrer Rede Gedanken über Ihre Zielgruppe und deren Bedürfnisse.

Achten Sie darauf, daß die Argumente, die Sie einsetzen, für Ihre Zielgruppe nachvollziehbar und plausibel sind – daß sie nicht abgehoben sind. Dafür ist es besonders wichtig, daß Sie Ihre Zielgruppe und deren Bedürfnisse gut einschätzen können.

Und achten Sie auch darauf, daß Sie bei der Anordnung der Argumente das für Ihre Zielgruppe überzeugendste zuletzt einsetzen. So ist die Garantie sehr groß, daß Ihre Zielgruppe Ihrem Zwecksatz nur noch zustimmen kann.

Das «Fünfsatzschema»

Ihre Überzeugungsrede oder Ihr Redebeitrag kann nach dem sogenannten «Fünfsatz» – in Anlehnung an Helmut Geissner – inhaltlich strukturiert werden.

Dieses Verfahren eignet sich besonders gut, um Stellung zu beziehen, seinen Standpunkt klar und deutlich darzustellen. Insofern wird diese Argumentationsstruktur mit Vorteil zu Beginn einer Kernphase von Besprechungen oder Konferenzen zu verwenden sein.

Nochmals: Achten Sie bitte darauf, daß Sie das stärkste Argument an die dritte Stelle setzen – was am Schluß genannt wird, bleibt am besten in Erinnerung – und daß ein gewisser Spannungsaufbau eingehalten wird.

Stellung nehmen

Einleitung:

„Du findest meine Haare also zu kurz, dazu möchte ich dir folgendes sagen:

Hauptteil:

1. Erstens sind kurze Haare jetzt in Mode.

2. Zweitens sind meine Haare jetzt viel pflegeleichter, weil ich sie nicht mehr fönen muß.

3. Und drittens haben alle anderen Männer gesagt, daß diese Frisur mir sehr gut steht.

deshalb

Schluß:

Nimm mich, wie ich bin!

Wie gehe ich mit Einwänden um?

Es gibt Redesituationen, in denen ich mit Einwänden umgehen muß. Diese Einwände muß ich bearbeiten; ich kann sie nicht im Raum stehenlassen, denn sonst provoziere ich Widerstände. Auch hier hat sich das sogenannte Fünfsatzschema (Einleitung, drei Argumentationsblöcke, Zwecksatz) bewährt.

Dieses zweite, sogenannte «dialektische» Verfahren eignet sich hervorragend, um Gegenargumente zu bearbeiten. Sie können damit auch erwartete Einwände vorwegnehmen, eine sehr bewährte Methode für Besprechungen.

Hier ein Beispiel:

① und ② Einleitung/Formulierung des Einwands	«Sie, liebe Kolleginnen und Kollegen, könnten vielleicht der Meinung sein, die Thematisierung unseres Betriebsklimas sei überflüssig oder gar typisch weiblich!
③ Erstes Gegenargument	Dabei müssen Sie allerdings zur Kenntnis nehmen, daß …
④ Zweites Gegenargument	Darüber hinaus …
⑤ Schluß (Zwecksatz)	Deshalb …»

Man braucht zwei Gegenargumente, um einen Einwand zu entkräften.

Sie sehen also, daß Sie nicht – wie häufig in der Alltagsargumentation – bei der bloßen Erwiderung auf den Einwand stehenbleiben dürfen. Denn jetzt

Auf einen Widerspruch reagieren

Einleitung

«Meine Damen und Herren, ich komme noch mal zurück zum Weiterbildungs-Etat. Dieser Tagesordnungspunkt kann nicht so schnell abgehandelt werden.

Formulierung des Einwands

«Sie, Herr Schubert, haben darauf hingewiesen, daß wir uns in unserer finanziellen Engpaßsituation keine neuen Führungskräfte-Seminare zur Frauen-/Männersprache leisten können.

Erstes Gegenargument

Dabei sollten wir allerdings berücksichtigen, daß wir gerade aufgrund mangelnder Sprach- und Sozialkompetenz unserer Verkaufsleiter im letzten Quartal acht hervorragende Mitarbeiterinnen verloren haben. Dieser Verlust muß natürlich auch gegengerechnet und vor allem künftig vermieden werden.

darüber-hinaus

Zweites Gegenargument

Darüber hinaus ist es Vorstandsbeschluß, den Frauenanteil im Außendienst von bisher 2,8 % auf 40 % zu steigern. Dies erreichen wir nur mit einer modernen, kommunikationsfreundlichen Unternehmenskultur.

deshalb

Schluß (Zwecksatz)

Das wiederum erreichen wir nur mit einer Weiterbildungsoffensive in Form der hervorragenden Führungskräfte-Seminare. Deshalb müssen wir uns jetzt um geeignete Trainerinnen und Trainer kümmern.»

stünde es ja erst 1:1, der Überzeugungsprozeß ist also gerade erst eröffnet. Hier geht es weiter, Sie setzen ein weiteres Argument ein und runden das Ganze ab mit dem Wichtigsten, der klaren Zielbotschaft: «Deshalb ...»

Also: 2:1 plus Zielsatz. Erst das eröffnet Ihnen einen wirklichen Fortschritt im Überzeugungsprozeß.

Beachten Sie bitte: Bei der direkten Erwiderung auf den Einwand (das ist Ihr erstes eigenes Argument) müssen Sie inhaltlich genau auf den Einwand reagieren und ihn aus der Welt schaffen.

Gelingt Ihnen nicht die überzeugende Entkräftung des Einwands, haben Sie ihn verstärkt.

Bei Ihrem zweiten Argument hingegen sind Sie inhaltlich nicht mehr an die zentrale Aussage des Einwandes gebunden, sondern Sie können völlig frei aus möglichen, verstärkenden Inhalten schöpfen (zum Beispiel: Vorstandsbeschluß, Zeugen, ...)

So steuert man einen Kompromiß an

Es gibt Situationen, in denen ich meine Position nicht durchsetzen kann und in denen es sinnvoll ist, einen Kompromiß zu finden. Auch hier bewährt sich das Fünfsatzschema.

Auch für die Suche nach einem Kompromiß eignet sich das Fünfsatzschema.

Bei diesem Verfahren können Sie konstruktiv – vielleicht nach ausführlicher, gegenseitiger Bearbeitung von Einwänden in Besprechungen – Standpunkte noch einmal klar benennen (Sachorientierung und Wertschätzung) und dann zusammenführen. Jede Teamkommunikation ist in der Regel darauf angewiesen.

Einen Kompromiß finden

Einleitung

«Lieber Klaus, laß uns bitte über unsere Urlaubsplanung sprechen.»

Formulierung der Gegenposition

Ich weiß einerseits von dir, daß du gerne mal nach Irland möchtest. Schöne grüne Insel, angenehmes, verträgliches Klima herrliche Wandermöglichkeiten.

Formulierung des eigenen Standpunkts

Ich andererseits möchte schon so lange mal nach Afrika. Ein ganz anderer Kontinent, andere Tier- und Pflanzenwelt, südliche Landschaft.

Kompromiß

Wie können wir nun diese Zielvorstellungen auf einen Nenner bringen? Wie wäre es mit Südtirol? Dort gibt es keine Malaria oder giftige Schlangen, es ist aber schon etwas südlich, wärmer und regenärmer als Irland und sehr gut zu erreichen.

deshalb

Schluß (Zwecksatz)

Was hältst du also davon, wenn wir uns morgen mal im Reisebüro Prospekte über Südtirol ansehen?»

Wie bereite ich meine Rede vor?

Wenn Sie eine Rede oder einen Redebeitrag vorbereiten, fangen Sie am besten mit dem Zwecksatz an.

Viele Rednerinnen und Redner überlegen sich meistens zuerst die Einleitung. Da geben sie sich sehr viel Mühe, investieren viel Zeit und Energie. Dann suchen sie ihre Argumente zusammen, und schließlich stellen sie fest, daß die Einleitung und die Argumente gar nicht zu ihrem Zwecksatz passen.

Wenn Sie «von hinten nach vorne arbeiten», passiert Ihnen das nicht.

Formulieren Sie zuallererst den Zwecksatz Ihrer Rede oder Ihrer Statements. Welche Meinung habe ich dazu, was will ich überhaupt sagen, wozu will ich mein Publikum auffordern?

Sammeln Sie anschließend Ihre Argumente, und ordnen Sie sie so an, daß das für Ihre Zielgruppe überzeugendste Argument vor dem Zwecksatz kommt.

Erst dann beginnen Sie mit der Vorbereitung der Einleitung.

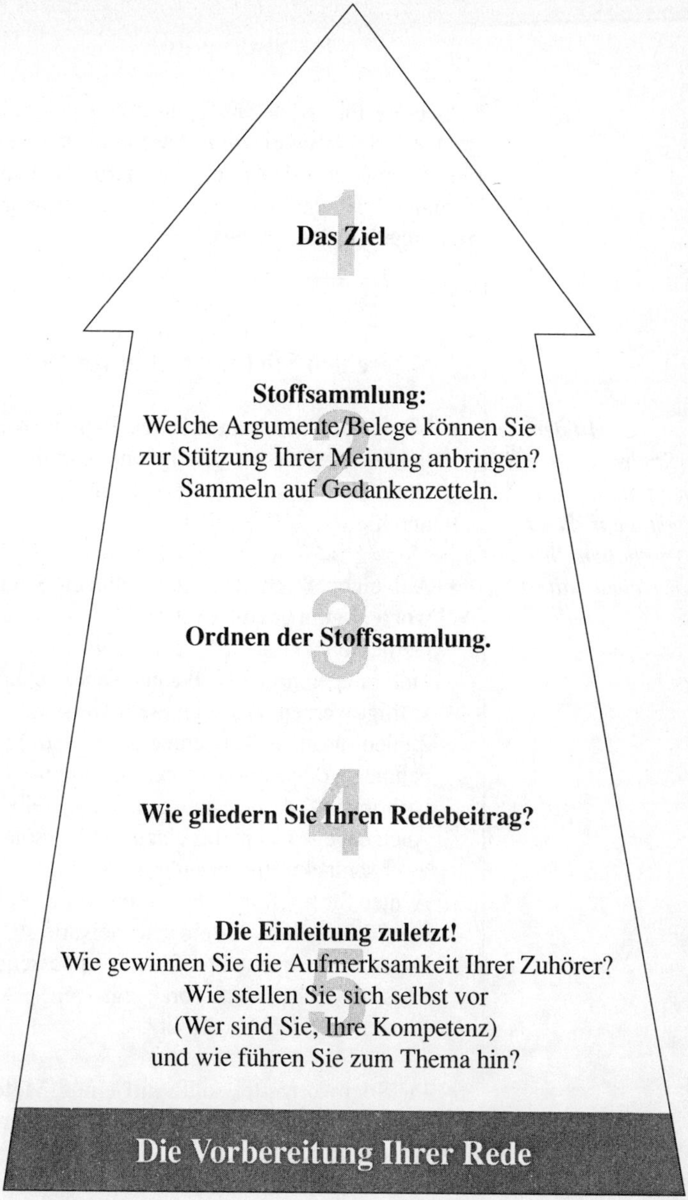
1
Das Ziel
2
Stoffsammlung:
Welche Argumente/Belege können Sie zur Stützung Ihrer Meinung anbringen? Sammeln auf Gedankenzetteln.
3
Ordnen der Stoffsammlung.
4
Wie gliedern Sie Ihren Redebeitrag?
5
Die Einleitung zuletzt!
Wie gewinnen Sie die Aufmerksamkeit Ihrer Zuhörer? Wie stellen Sie sich selbst vor (Wer sind Sie, Ihre Kompetenz) und wie führen Sie zum Thema hin?
Die Vorbereitung Ihrer Rede

Der Stichwortzettel

Sie wollen Ihre Rede frei halten. Dazu dürfen Sie gerne einen Stichwortzettel verwenden, damit es Ihnen leichter fällt, den roten Faden zu behalten. Es ist sinnvoll, bei der Vorbereitung eines Stichwortzettels einige Kriterien zu beachten.

Mit dem Stichwortzettel brauchen Sie keine Angst mehr davor zu haben, Ihre Rede frei zu halten

So bereitet man einen Stichwortzettel vor

- Verwenden Sie **kartoniertes Papier** (Karteikarten). Das ist griffig und gut in der Hand zu halten. Außerdem raschelt es nicht unnötig.

- Auf einen Stichwortzettel **gehören Stichworte, keine ganzen Sätze**.
Gerne können Sie sich auch schwierige Formulierungen notieren, eventuell auch schlagkräftige Verben, Zitate und selbstverständlich Zahlen. Manche Teilnehmerinnen und Teilnehmer wollen ihren Zwecksatz so gut „rüberbringen", daß sie ihn ganz aufschreiben. Auch dagegen ist nichts einzuwenden, solange er schlagkräftig formuliert ist.
Achten Sie allerdings darauf, daß Ihr Zwecksatz nicht isoliert auf einer Karteikarte steht. Denn das verursacht oft eine unpassende Pause zwischen dem vorangegangenen Argument und dem Zwecksatz.

- Ihr Stichwortzettel sollte **auf einen Meter Abstand** lesbar sein. Schreiben Sie dementsprechend groß.

- **Numerieren Sie Ihre Stichwortzettel oben rechts oder links**, so daß Sie immer wissen, wo Sie gerade sind. Außerdem können Sie so Ihre Stichwortzettel einfach wieder ordnen, wenn Sie sie fallen lassen.

- **Beschreiben Sie die Stichwortzettel nur einseitig**. So kommen Sie nicht in die Verlegenheit, nicht zu wissen, ob Sie die Stichworte der Rückseite schon bearbeitet haben oder nicht.

- Wenn Sie wollen, können Sie die einzelnen **Teile Ihrer Gliederung auch optisch hervorheben**, durch unterschiedliche Farben.

- Auf einen Stichwortzettel dürfen Sie auch ganz **persönliche Regieanweisungen** notieren. Wenn Sie von sich wissen, daß Sie beispielsweise dazu neigen, zu schnell zu sprechen, notieren Sie sich einfach die passende Regieanweisung dazu.

Auch ein Stichwortzettel ist eine individuelle Angelegenheit. Sie können am besten entscheiden, wie der für Sie geeignete Stichwortzettel auszusehen hat.

Ein Beispiel:

1. Einleitung	
	Nebenstichworte
	Nebenstichworte
Hauptstichworte	
▽	Regie
2. Argumentation	
Hauptstichworte	Nebenstichworte
Hauptstichworte	Nebenstichworte
Hauptstichworte	Nebenstichworte
▽	
3. Schluß	Regie
▽	
4. Zwecksatz	Regie

Stimmübungen

Halten Sie sich beim Sprechen in der Öffentlichkeit nicht an den Grundsatz «Brust raus, Bauch rein»!

Wir sollen aus dem Brustton der Überzeugung sprechen, aber niemand sagt uns, wie es geht. Das betrifft vor allem Frauen, denn sie halten sich gerne auch stimmlich zurück. Frauen sprechen meist leiser als Männer, auch in der Öffentlichkeit. Darüber hinaus haben sie häufig noch die Redewendung im Gedächtnis: Brust raus, Bauch rein. Dies ist eine Anweisung, die unserer Atmung sehr schaden kann. Wenn wir in die Brust atmen, nehmen wir uns sehr viel an Resonanz. Darüber haben wir schon im Kapitel Atmung und Artikulation gesprochen. Damit Sie stimmlich fit sind, haben wir für Sic einige Stimmübungen zusammengestellt, mit denen Sie Ihre Stimme besser tönen lassen können. Vor einer wichtigen Präsentation, einer Rede oder auch einem Gespräch können Sie diese Übungen durchführen.

Beachten Sie allerdings auch hier, daß nicht jede Übung für jeden die richtige ist. Probieren Sie einfach aus, was Ihnen guttut, und stellen Sie sich Ihr persönliches Trainingsprogramm zusammen.

Und noch eines: Zum Sprechen brauchen wir eine angemessene Grundspannung. Vielleicht ist Ihnen schon einmal aufgefallen, daß Ihre Stimme, wenn Sie morgens aufwachen, ganz anders klingt, als wenn Sie zum Beispiel in einer Streßsituation sind. Wenn wir aufwachen oder völlig entspannt sind, klingt sie meistens sehr tief; in angespannten Situationen ist sie viel dünner. Die Stimme verrät sehr viel über die Stimmung eines Menschen. Mit nur wenig Aufwand können wir das Beste aus unserer Stimme herausholen.

Ihre Stimme verrät sehr viel über Ihre Stimmung!

Richtiges Reden vor Publikum

⇒ Gähnen, dehnen, rekeln und strecken Sie sich.

⇒ Hände zur Faust ballen, sieben Sekunden lang die Spannung spüren, loslassen, Entspannung spüren.

⇒ Atmen Sie auf „ffft“ aus. Jetzt müßte Ihre Hand auf der Bauchdecke nach innen gehen.

⇒ Schnüffeln Sie. Jetzt müßte Ihre Hand auf der Bauchdecke nach außen schnellen.

⇒ Hüpfen Sie mit beiden Füßen gleichzeitig, und geben Sie nach einiger Zeit einen Ton („ho“) dazu.

⇒ Lassen Sie die Schultern nacheinander kreisen, ziehen Sie sie dann hoch, und lassen Sie sie mit einem Seufzer fallen.

⇒ Kauen Sie mit offenem Mund stimmhaft auf „mnjam". Das ist eine der besten Übungen. Mit dieser Übung finden Sie Ihren Eutonus, Ihre persönliche Stimmlage. Machen Sie diese Übung bitte mit jemandem zusammen, dem Sie vor und nach der Übung einen Testsatz sagen. Dadurch wird der Unterschied besonders deutlich.

⇒ Schnauben Sie wie ein Pferd, lassen Sie Ihren Kiefer kreisen, und streichen Sie Ihre Wangen aus.

⇒ Schlecken Sie Milch wie eine Katze.

⇒ Stellen Sie sich vor, Sie würden einen Spiegel anhauchen. Und geben Sie allmählich einen Ton dazu: „hoo".

⇒ Sprechen Sie Silben: „KAPATA – KAPATE – KAPATI – KAPATO – KAPATU – KAPATAU", „BABEBIBOBU – PAPEPIPOPU", „DADEDIDODU", „TATETITOTU".

⇒ Beckenkreisen

⇒ Grimassen schneiden

Ich weiß, erst einmal wirkt es eigentümlich, solche Übungen zu machen, aber die Wirkung ist erstaunlich. Versuchen Sie es einfach mal!

Wie gehe ich mit Unterbrechungen, Zwischenrufen und -fragen um?

Sie kennen das: Sie präsentieren das neue Produkt oder Ihre Idee, machen Vorschläge und so weiter, und plötzlich werden Sie unterbrochen. Jemand stellt eine Frage, oder jemand stellt das, was Sie gesagt haben, in Frage.

Ein Seminarteilnehmer sagte einmal, sein Chef habe seine Präsentation immer vor versammelter Mannschaft mit folgenden Worten unterbrochen: «Ich glaube, Sie sind nicht ausreichend vorbereitet.» Und da stand er nun, es ging ihm schlecht, er fühlte sich völlig an die Wand gedrängt. Das ist verständlich, denn so etwas ist natürlich nicht die feine englische Art. Ich riet ihm, entweder zu fragen: «Wie kommen Sie darauf?», denn dann erst kann entschieden werden, ob sein Vorgesetzter tatsächlich inhaltliche Bedenken hat oder ob dies ein Konflikt persönlicher Art ist. Oder, wenn er erst einmal im wahrsten Sinne des Wortes sprachlos ist, aktiv zuzuhören, daß heißt, das zu wiederholen, was der andere gesagt hat: «Hab' ich Sie richtig verstanden, Sie haben den Eindruck, ich sei nicht vorbereitet?»

Es ist ein guter Trick, Zwischenrufe oder -fragen erst einmal zu wiederholen, um Zeit zu gewinnen.

Durch die Wiederholung dessen, was der andere gesagt hat, werde ich ruhiger, bin nicht sprachlos und gewinne Zeit. Wichtig ist hier: Der Ton macht die Musik. Es empfiehlt sich, so sachlich zu sprechen wie ein Nachrichtensprecher. Lassen Sie sich nicht vom aggressiven oder vorwurfsvollen Ton anstecken. Das würde Widerstand erzeugen. Daß es schwierig ist, in so einer Situation sachlich zu bleiben, versteht sich. Aber Aggression erzeugt wieder Aggression. Diese

Stimmungen potenzieren sich. Und irgendwann kommt es zum großen Konflikt. Man verstrickt sich, allerdings nicht mehr im Sinn der Sache. Wir können alles sagen, wenn der Ton stimmt. Das heißt, wenn wir sachlich bleiben. Meistens verletzt nicht das, was wir sagen, sondern die Art, wie wir es sagen.

Zwar kennen wir alle die Redewendung: So wie man in den Wald hineinruft, so hallt es heraus. Und es ist nur verständlich, daß wir in so einer unfairen Situation wütend werden. Aber durchbrechen Sie diesen Kreislauf, indem Sie sachlich bleiben. Schließen Sie Ihr «Beziehungsohr», und öffnen Sie Ihr Ohr für die Selbstoffenbarung: Was sagt der Zwischenrufer in diesem Moment über sich?

Wichtig: nicht aggressiv reagieren!

Denken Sie bitte nicht nur an die momentane Situation, nach dem Motto «Dir zeige ich es», sondern an langfristige Ziele. Seien Sie diplomatisch. Damit dienen Sie Ihrem Zweck am meisten.

Wenn Sie vor einer großen Gruppe sprechen, vor Publikum, das Sie nicht persönlich kennen, kann es sinnvoll sein, die Zwischenrufe, die Ihre Sache ablehnen, einfach zu übergehen. Sie können sie auch mit schlagfertigen Formulierungen auffangen, wenn dies Ihrer Art entspricht.

Man kann Zwischenrufe einfach überhören oder auf folgende Art und Weise übergehen:

- «Auf dieses Thema sollten wir später zu sprechen kommen.»
- «Gerne würde ich das in einer anschließenden Diskussion klären.»
- «Ihre Bedenken verstehe ich, allerdings ...»
- «Ja, Ihr Einwand ist berechtigt, jedoch ...»

Die beschriebene Situation ist sicherlich keine alltägliche. Normalerweise sind die Zwischenrufe und -fragen nicht so persönlich.

Zwischenrufe, die Sie in der Sache unterstützen,

bestätigen Sie bitte, zum Beispiel, indem Sie der Person kurz zunicken oder zulächeln.

Wenn es möglich ist, beantworten Sie Zwischenfragen, sofern sie zum Thema passen. Lassen Sie sich durch schwierige Zwischenfragen nicht verunsichern. Fragen Sie einfach zurück, zum Beispiel: «Wie kommen Sie darauf?»

Bei Fragen, die zu persönlich werden, können Sie die Beantwortung ablehnen.

Für den Umgang mit Zwischenfragen und -rufen gilt: Nehmen Sie sie nicht persönlich. Bleiben Sie im Ton sachlich.

Wenn Sie die erste Rednerin oder der erste Redner vor einer Gruppe sind oder nach einer Pause Ihren Vortrag beginnen, und die Gruppe ist noch nicht vollzählig, übersehen Sie die Zuspätkommenden einfach. Gegebenenfalls machen Sie sie auf freie Plätze aufmerksam.

Sollte ein hoher Lärmpegel im Raum herrschen, dann machen Sie am besten eine kleine Pause, bis wieder Ruhe eingekehrt ist. Sollten Hörerinnen und Hörer Privatgespräche führen, können Sie entweder etwas leiser sprechen, lauter sprechen oder auch kurz innehalten. Es kann auch sinnvoll sein, so ein Privatgespräch freundlich zu unterbrechen.

Punkt setzen und Adjektive verwenden!

Viele Rednerinnen und Redner bleiben mit ihrer Stimme am Satzende in der Schwebe. Das heißt, sie setzen keinen hörbaren Punkt. Sie gehen nicht mit der Stimme nach unten. Bedauerlicherweise, denn

Am Ende eines Satzes sollte man einen «Punkt setzen», das heißt, mit der Stimme nach unten gehen.

dadurch nehmen sie sich sehr viel Bestimmtheit in ihrem Ausdruck.

Wenn wir am Satzende mit der Stimme in der Schwebe bleiben, erweckt das häufig den Eindruck, als hätten wir inhaltlich noch nicht alles gesagt. Wir bringen uns dadurch selbst in eine schwierige Lage, denn nur allzuoft kommt es vor, daß wir im Grunde genommen mit den inhaltlichen Ausführungen fertig sind, das Publikum durch die schwebende Stimme aber noch kein Pausensignal bekommen hat. Oft blickt es uns dann fragend an, und wir bekommen das Gefühl, noch etwas hinzufügen zu müssen. Meist neigen wir dann zu Verlegenheitsreaktionen wie «ääh», «mmh» und so weiter. Vor allem am Ende unserer Rede ist es unangenehm, denn dann kommt es zu den Regieanweisungen: «Das war es jetzt» oder «Ich bin am Schluß».

Setzen Sie einen hörbaren Punkt. Ein Satz ohne Punkt ist wie ein Musikstück ohne Schluß.

Sprechen Sie einfach mal nach:

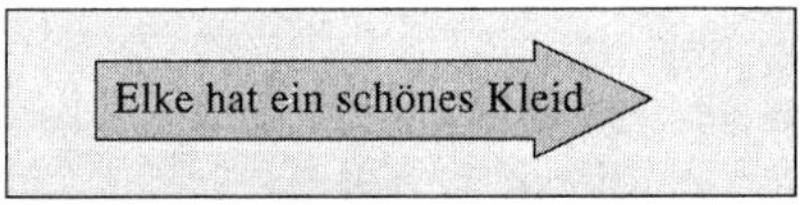

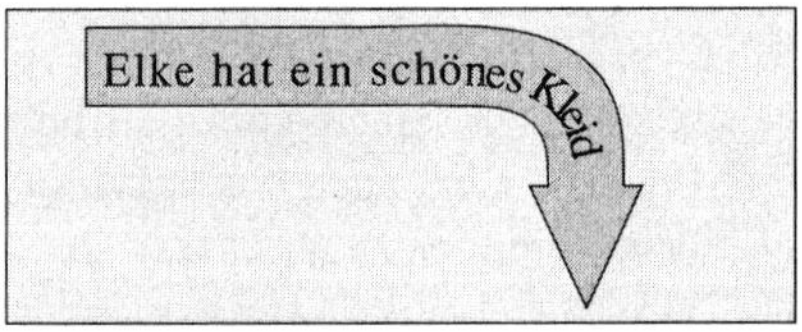

Mit hörbarem Punkt klingt das doch gleich viel bestimmter!

Eigenschaftswörter oder Adjektive werden in Reden oder Redebeiträgen viel zuwenig eingesetzt. Wenn ich sie allerdings verwende, habe ich die Möglichkeit, bei meinem Publikum genau die Vorstellung hervorzurufen, die ich haben will. Es macht einen großen Unterschied, ob ich von einem «Projekt» spreche oder von einem «einmaligen, außergewöhnlichen und gewinnbringenden Projekt».

Adjektive machen Ihren Redebeitrag bildhafter und anschaulicher. Sie wecken beim Publikum genaue Vorstellungen und Gefühle.

Beschreiben Sie die Sachverhalte oder Objekte mit Eigenschaftswörtern, dadurch werden beim Publikum genaue Vorstellungen, aber auch Gefühle geweckt. Oder hören Sie keinen Unterschied, wenn jemand sagt: «Ein Kaugummi klebt an deiner Jacke» im Gegensatz zu «Ein alter, grauer, schmieriger Kaugummi klebt an deiner Jacke.»?

Literatur

Coblenzer, H., und Muhar, F.: Atem und Stimme. Anleitung zum guten Sprechen. Wien 1976

Forgas, J. P.: Sozialpsychologie. Eine Einführung in die Psychologie der sozialen Interaktionen. München – Weinheim 1987

Fuchs, Gotthard (Hrsg.): Männer – Auf der Suche nach einer neuen Identität. München 1991

Geissner, Helmut: Der Fünfsatz. In: Wirkendes Wort 4, 1968

Gordon, Thomas: Die Managerkonferenz – Effektives Führungstraining. München 1989

Harris, Th. A.: Ich bin o.k. Du bist o.k. Hamburg 1975

Loden, Marylin: Als Frau im Unternehmen führen. Freiburg im Breisgau 1988

Molcho, Sammy: Körpersprache als Dialog. Ganzheitliche Kommunikation im Beruf und Alltag. Mosaik-Verlag 1988

Rogers, Carl: Entwicklung der Persönlichkeit. Stuttgart 1989

Schulz von Thun, Friedemann: Miteinander reden: Störungen und Klärungen. Psychologie der zwischenmenschlichen Kommunikation. Hamburg 1981

Schwertfeger, B.: Macht ohne Worte. Wie wir mit dem Körper sprechen. München 1990

Sprenger, Reinhard K.: Mythos Motivation – Wege aus der Sackgasse. Frankfurt/Main 1992

Tannen, Deborah: Du kannst mich einfach nicht verstehen. München: Goldmann 1993

Whorf, B. L.: Sprache - Denken - Wirklichkeit. Beiträge zur Metalinguistik und Sprachphilosophie. Hamburg 1984

Notizen

Notizen

Notizen

Notizen

Notizen

Notizen